汽车维修职业技能培训教程

汽车发动机管理系统诊断与维修

主　编：陈满秀　宛　东
副主编：杨玲玲　谭克诚　许明疆　王海文
参　编：曾庆超　罗　建　闵承启

机械工业出版社

《汽车发动机管理系统诊断与维修》紧密结合现代汽车发动机管理系统诊断与维修生产实际，契合融“教－学－做”为一体的教学方法和手段，满足高等职业教育推行工学结合人才培养模式的发展需要。

本书共分八章，以汽车发动机管理系统诊断与维修为主线，采用理论与实践操作为一体的编写模式，内容包括发动机管理系统特性、空燃比控制系统、点火系统、怠速系统、排放系统、实训指导、实训操作认证样题和课后练习题，较全面地阐述了现代汽车发动机电子控制系统的结构、工作原理，以及故障检测与诊断方法。

本书可作为高等职业院校、高等专科院校、成人高校、民办高校和本科院校二级职业技术学院汽车检测与维修技术及相关专业的教学用书，也可作为汽车维修技术人员及相关从业人员的业务参考书及培训用书。

图书在版编目（CIP）数据

汽车发动机管理系统诊断与维修/陈满秀，宛东主编. —北京：机械工业出版社，2017.12

汽车维修职业技能培训教程

ISBN 978-7-111-58711-8

Ⅰ.①汽… Ⅱ.①陈…②宛… Ⅲ.①汽车－发动机－故障诊断－职业培训－教材②汽车－发动机－车辆修理－职业培训－教材 Ⅳ.①U472.43

中国版本图书馆 CIP 数据核字（2017）第 307690 号

机械工业出版社（北京市百万庄大街 22 号 邮政编码 100037）
策划编辑：杜凡如 连景岩 孟 阳 责任编辑：孟 阳
责任校对：刘秀芝 肖 琳 封面设计：马精明
责任印制：孙 炜
保定市中画美凯印刷有限公司印刷
2018 年 3 月第 1 版第 1 次印刷
184mm×260mm · 8 印张 · 186 千字
0 001—3 000 册
标准书号：ISBN 978-7-111-58711-8
定价：25.00 元

Preface 前言

随着中国汽车工业的快速发展，汽车技术日新月异，新结构、新系统、新装置在汽车上的应用不断增多。这就要求职业院校不断培养能够适应汽车技术发展的汽车运用与维修人才。本套书基于汽车维修技师应掌握的现代汽车发动机、底盘和电气系统的检测与诊断知识及相关技能编写。

本套书的编写结合了汽车4S店的技术服务实践，具有较强的针对性，较好地贯彻了素质教育的思想，力求体现以人为本的理念，从行业岗位群的知识和技能要求出发，结合对学生创新能力、职业道德方面的要求。

本套书针对相关教学方法和手段进行了改革，融“教－学－做”为一体，将课堂与实训室融合，力求提高学生的职业技能，同时提升教学质量。

本套书配有课程PPT、实训指导（含任务工单）、实训操作认证样题和课后练习题电子文档，这对提高学生的综合能力与素质有很大帮助。本套书具有如下特点：

1. 理论与实践一体化：本书将理论学习与实践学习融为一体，有利于提高学生的实际操作能力。

2. 引导学生主动学习：学生根据自己的实际操作项目填写实训指导任务工单，并进行数据处理与分析，把理论知识应用到实践中，将理论知识转化为实用技能。

参加本书编写的人员分工如下：陈满秀编写第二章、第四章和第六章；宛东编写第一章；杨玲玲和谭克诚编写第三章；许明疆和罗建编写第五章和第七章；王海文、曾庆超和闵承启编写第八章。本书的编写工作得到了上汽通用五菱公司市场与网络部工作人员的悉心指导，在此表示衷心感谢。

编者在写作过程中参考了大量的资料和文献，在此向原作者表示感谢。

由于编者水平有限，书中难免有疏漏之处，恳请读者批评指正。

编　者

Contents

目 录

安全注意事项

汽车维护作业注意事项

1）佩戴安全防护眼镜以保护眼睛。

2）在被举升的车辆下作业时，应使用安全支架。

3）确保点火开关始终处于 OFF 位，除非另有要求。

4）在车内工作时，应施加驻车制动。如果是自动变速器车型，则应将变速杆置于 P（驻车）位，除非要求置于其他档位。如果是手动变速器车型，则应将变速杆置于倒档（发动机熄火时）或空档（发动机运转时），除非要求置于其他档位。

5）在进行与发动机相关的作业时，必须使用尾气抽排设备，以防一氧化碳中毒。

6）在发动机运转时，身体及随身衣物应远离转动部件，尤其是散热风扇和传动带。

7）为防止严重烫伤，应避免接触高温金属部件，例如散热器、排气歧管、三元催化转化器和消声器。

8）维护作业现场不得吸烟。

9）为避免受伤，开始作业前应摘掉戒指、手表和项链，不要穿宽松的衣服，长头发应挽起固定于脑后。

10）不得接触散热风扇叶片，因为散热风扇随时会因发动机温度升高而转动。确保散热风扇的电源完全断开后，才能在其附近作业。

特别警告

1）许多制动摩擦片都含有石棉纤维，吸入石棉粉尘可能导致癌症，因此在对制动器进行维修时，应避免吸入粉尘。

2）用压缩空气或干刷方式清洁车辆时，从行车制动器和离合器总成处扬起的粉尘或污垢可能含有有害健康的石棉纤维。

3）行车制动器总成和离合器面应使用石棉纤维专用吸尘器进行清洁。粉尘和污垢应使用可防止粉尘暴扬的方法处置，例如使用密封袋。密封袋必须标有国家职业安全和卫生部门的使用说明，并将袋中所装物质告知垃圾承运人。

4）如果没有用于盛装石棉纤维的真空袋，则清洁工作必须在水湿状态下进行。如果仍然会产生粉尘，则作业人员应佩戴经国家认证的有毒粉尘过滤净化功能的口罩。

第一章　发动机管理系统特性

● 学习要点：

1）发动机管理系统的功能和组成。
2）ECM 的供电电路。
3）ECM 的内部结构组成。
4）车载诊断系统（OBD）。

● 学习目标：

1）能够简述发动机管理系统的功能和组成。
2）能够解释 ECM 的供电电路特点。
3）能够解释 ECM 的内部结构组成。
4）能够解释 OBD 系统的功能和监测原理。

第一节　发动机管理系统的功能和组成

随着计算机控制技术、新材料及新工艺的应用，发动机的性能已经今非昔比。日益紧迫的能源与环境问题迫使我们对汽车进行严格的排放控制并提出更高的节能要求。发动机管理系统的核心功用是由微机对各种运行参数和控制信息进行监测和处理，而微机对信息的处理速度一般为毫秒级，其响应速度远高于机械控制装置，可实现对发动机运行工况的实时高精度控制。本节主要介绍发动机电控系统的功能和组成。

一、发动机管理系统的功能

发动机管理系统通过 ECM（Engine Control Module，发动机控制模块）来控制和协调发动机的工作。ECM 就像人的大脑一样，通过各种传感器和开关实时监测发动机的各种运行参数和操作者的控制指令，经过计算后发出命令给相应的执行元件（如喷油器），实现对发动机的优化控制。图 1-1 所示为发动机管理系统的功能图。

为实现发动机的优化控制，发动机管理系统主要具有以下功能：进气控制、燃油喷射控制、点火控制、怠速控制、排放控制、自诊断功能和失效保护功能。

1. 进气控制

进气控制主要包括进气计量和进气控制两部分。

进气计量系统的功能是根据相关传感器提供的信号，对发动机的进气量进行计算分析，从而为计算燃油喷射量提供依据。

进气控制系统的功能是根据发动机转速和负荷的变化，对发动机的进气量进行控制，以提高发动机的充气效率，从而改善发动机的动力性能。

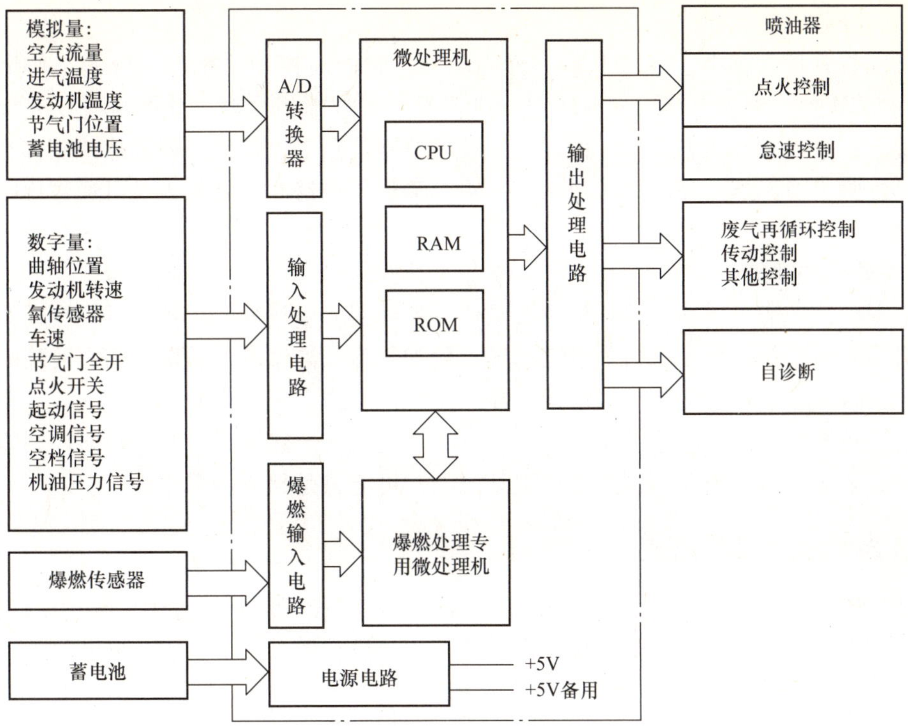

图 1-1 发动机管理系统的功能

2. 燃油喷射控制

在发动机管理系统中，喷油量控制是最基本、最重要的控制内容，ECM 通过控制燃油泵在燃油管路中建立压力，然后通过控制喷油器来控制燃油喷射量。ECM 主要根据进气量确定基本的喷油量，再根据其他传感器（如冷却液温度传感器和节气门位置传感器）的信号对喷油量进行修正，使发动机在各种运行工况下均能获得最佳浓度的混合气，从而提高发动机的动力性、经济性和排放性。除喷油量控制外，发动机管理系统还可实现喷油正时控制、断油控制和燃油泵控制。

3. 点火控制

电控点火系统的基本功能是点火提前角控制。该系统根据各相关传感器信号，判断发动机的运行工况和运行条件，选择最理想的点火提前角，点燃混合气，从而改善发动机的燃烧过程，以实现提高发动机动力性、经济性及降低排放污染的目的。此外，电控点火系统还具有通电时间（闭合角）控制和爆燃控制功能。

4. 怠速控制

怠速控制系统是发动机辅助控制系统，其功能是在发动机怠速工况下，根据发动机冷却液温度、空调压缩机是否工作、变速器是否挂入档位等条件，通过怠速控制阀或电子节气门对发动机的进气量进行控制，使发动机随时以最佳怠速转速运转。

5. 排放控制

排放控制系统的主要功能是对发动机排放控制装置的工作进行电子控制。排放控制的项目主要包括废气再循环（EGR）控制、活性炭罐电磁阀（EVAP）控制、氧传感器和空燃比闭环控制等。

6. 自诊断功能

在发动机管理系统中，ECM 具有自诊断功能，它能对控制系统各部分的工作情况进行监测。当 ECM 检测到来自传感器或输送给执行元件的故障信号时，立即点亮仪表板上的警告灯，提示驾驶人发动机有故障。同时，系统将故障信息以设定故障码的形式储存在存储器中，辅助维修人员确定故障类型和范围。在对车辆进行维修时，维修人员可通过诊断仪读取故障码。

7. 失效保护功能

失效保护系统的主要功能是在传感器或传感器线路发生故障时，控制系统自动按预先设定的参考信号值工作，使发动机能继续运转。例如：冷却液温度传感器电路有故障时，失效保护系统会自动按设定的冷却液温度信号控制发动机工作。

除上述控制系统外，应用在发动机上的电控系统还有散热风扇控制、巡航控制等。应当说明的是，上述控制系统在不同的汽车发动机上，可能只是部分被采用。

二、发动机管理系统的组成

发动机管理系统由传感器、ECM 和执行器三部分组成。传感器提供信号给 ECM，ECM 对输入信号进行分析计算后，输出执行命令给相应的执行器。图 1-2 所示为发动机管理系统的组成。

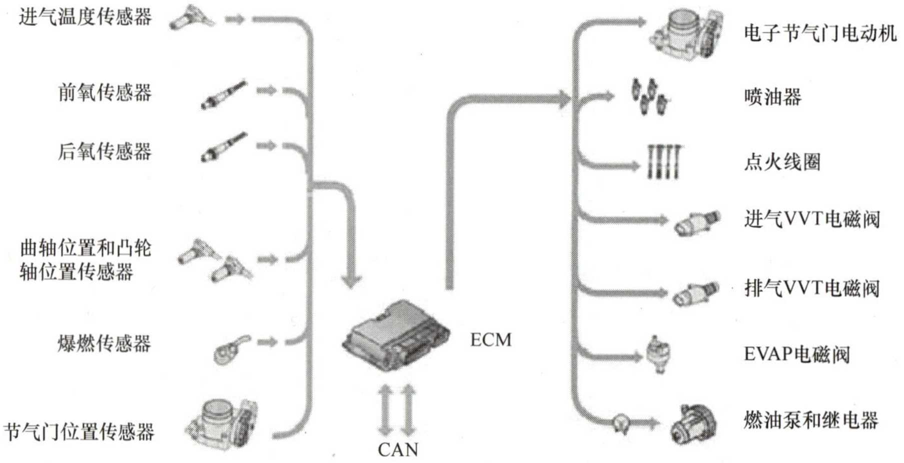

图 1-2 发动机管理系统的组成

1. 传感器

常见的车用传感器有曲轴位置传感器、凸轮轴位置传感器、节气门位置传感器、进气压力传感器、氧传感器、冷却液温度传感器、进气温度传感器、爆燃传感器和空调开关等。在不同类型的车辆上，传感器数量和类型也不尽相同，例如五菱 CN113R 使用的 L2B 发动机还配有加速踏板位置传感器、离合器踏板开关和制动踏板开关等。

2. ECM

ECM 对不同传感器的信号进行计算处理，再控制不同的执行器执行相应的动作，例如喷油和点火等。

3. 执行器

常见的执行器有喷油器、点火线圈、EVAP 电磁阀（即炭罐电磁阀）、发动机警告灯、主控继电器、燃油泵和压缩机等。在不同类型的车辆上，执行器的数量和类型也不尽相同。例如五菱 CN113R 使用的 L2B 发动机还配有电子节气门电动机、VIM 电磁阀（即可变进气歧管电磁阀）等。

有时，ECM 仅从这些传感器获取信号是不够的，还需要从其他模块中获取信息，例如五菱 CN113R 汽车为实现发动机防盗功能控制，ECM 需要从车身控制模块（BCM）获取防盗信息。同时，ECM 也需要将一些信号发送给其他模块，例如将发动机转速信号、车速信号、冷却液温度信号和燃油油位信号等发送给仪表模块。

第二节　ECM 的供电电路

供电电路是 ECM 正常工作的基础。ECM 的供电电路包括电源和搭铁电路，更换 ECM 前必须确定其电源和搭铁是否正常。另外，传感器也需要 ECM 为其提供稳定的电源。本节主要讲解 ECM 的供电电路。

一、12V 电源和搭铁电路

ECM 的电源电路主要有三种：常电源、点火开关供电电源和主继电器供电电源。三种电源的作用是不一样的。ECM 的搭铁线一般不止一根，它们一起通过车身搭铁。图 1-3 所示为 L2B 发动机的 ECM（西门子管理系统）相关电路。

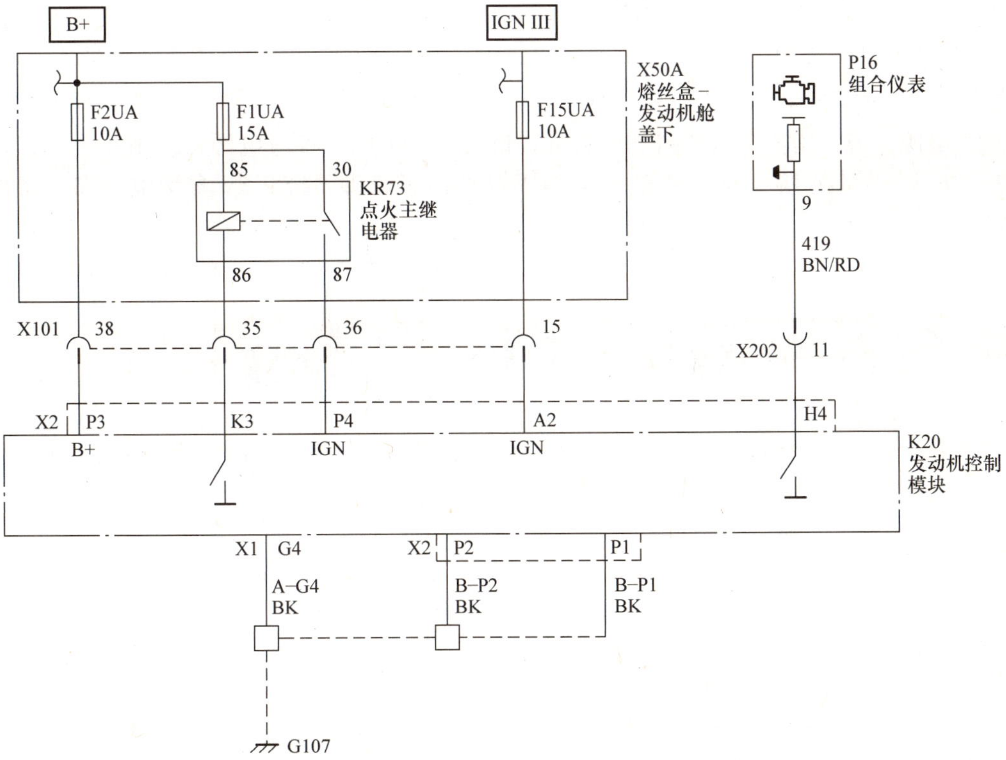

图 1-3　L2B 发动机的 ECM（西门子管理系统）相关电路

1. 常电源

由蓄电池直接供电的常电源线，点火开关关闭后依然有电，作为 ECM 的工作电源。ECM 的内部存储器由它供电，因此即使关闭点火开关，ECM 存储的故障码、学习值等也不会丢失。L2B 发动机 ECM 的常电源为 X2 插头的 P3 号端子，如图 1-3 所示。

2. 点火开关供电电源

经过点火开关 ON 档的电源，是 ECM 的工作电源，也是信号线。打开点火开关时，ECM 会控制主继电器和油泵继电器工作。L2B 发动机 ECM 的点火开关供电电源是 X2 插头的 A2 号端子，如图 1-3 所示。

3. 主继电器供电电源

打开点火开关时，ECM 会控制主继电器工作，主继电器触点闭合，给发动机管理系统的执行器供电（例如喷油器、点火线圈、EVAP 电磁阀等），同时给 ECM 提供一个电源信号。一般情况下，ECM 即使接收不到该电源信号也是可以令发动机正常工作的。L2B 发动机 ECM 的主继电器供电电源是 X2 插头的 P4 号端子，如图 1-3 所示。

4. ECM 搭铁

只有在电源和搭铁都正常的情况下，ECM 才能正常工作。L2B 发动机 ECM 的搭铁线路是 X1 插头的 G4 号端子和 X2 插头的 P1、P2 号端子，如图 1-3 所示，三根线合在一起通过 G107 搭铁。

二、5V 参考电源和参考搭铁

为防止发动机管理系统的传感器受外界电压变化的影响，ECM 给传感器提供稳定的 5V 参考电源和参考搭铁。因为发动机管理系统内有很多传感器，所以多个传感器通常共用一个 5V 参考电源，或共用一个参考搭铁。另外，ECM 提供的 5V 参考电源可能不止一个，参考搭铁也如是。图 1-4 所示为 L2B 发动机 ECM（西门子管理系统）5V 参考电源和参考搭铁电路。

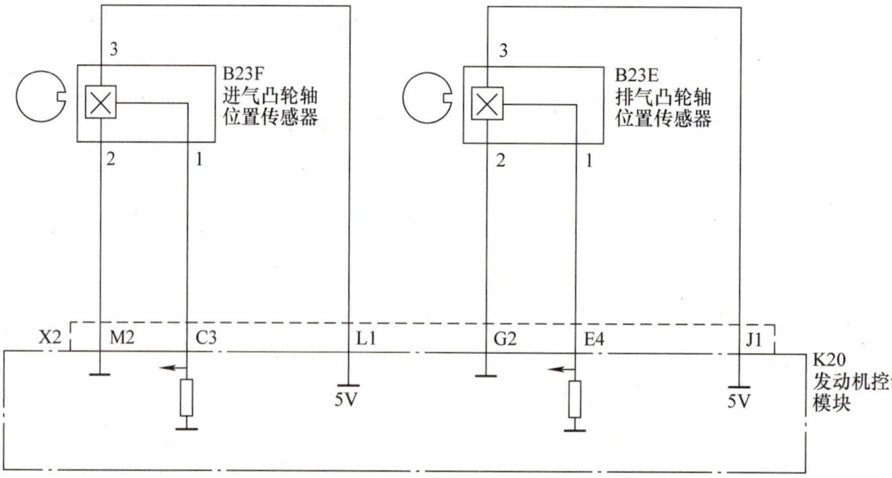

图 1-4　L2B 发动机 ECM（西门子管理系统）5V 参考电源和参考搭铁电路

ECM 电源和搭铁的种类及作用，对诊断 ECM 的故障至关重要。特别是更换 ECM 时，必须检查其电源和搭铁是否良好。另外，如果多个传感器同时工作不良或不工作，则需考虑是否是共用的电源或搭铁出现了问题。

三、ECM 的内部结构组成

在汽车电子控制系统中，各控制模块的结构大同小异，都是由硬件、软件、壳体和线束插座四部分组成。汽车控制模块的软件主要包括监控程序和应用程序两部分。硬件作为实体，为各电子控制系统正常工作提供基础条件。

1. 模块内部电路组成

汽车各控制模块的硬件所组成的电路十分复杂。不同制造商研制的硬件电路的结构不尽相同，但是均由输入回路、输出回路和单片微型计算机（单片机）三部分组成。图 1-5 所示为 L2B 发动机 ECM 的内部电路构成。

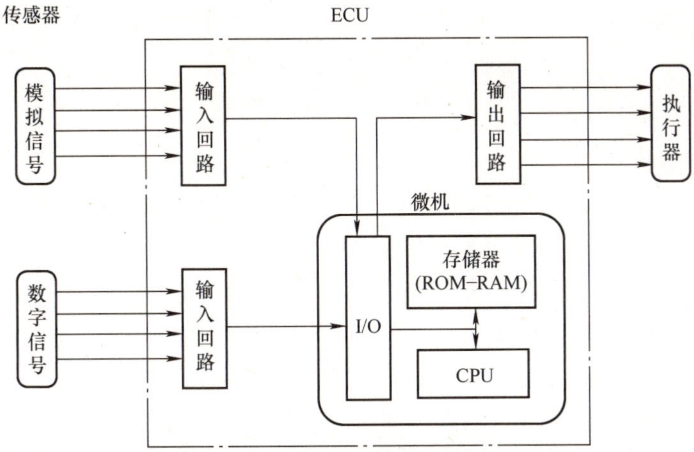

图 1-5 ECM 的内部电路构成

控制模块的硬件一般封装在铝制金属壳体或塑料壳体内部，并通过线束插座与整车的电气线路连接。控制模块一般置于车内不易受到碰撞的部位，如中控台下部或发动机舱内，具体安装位置因车型而异。

汽车各电控单元的硬件都是由不同种类的专用集成电路、大量电阻器、电容器、二极管、稳压管和晶体管等分立电子元件及印制电路板构成。

2. 输入和输出回路

输入回路又称输入接口，其功用是将传感器输入信号和各种开关信号转换成单片机能够识别及处理的数字信号。输入回路主要由 A/D 转换器和数字输入缓冲器两部分组成。

输出回路是单片机与执行器之间的中继站，其功用是根据微机发出的指令，控制执行器动作。微机对采样信号进行分析、比较和运算后，由预定的程序形成控制指令并通过输出端子输出。微机只能输出微弱的电信号，例如喷油脉冲、点火信号等，电压一般为 5V，不能直接驱动执行元件，因此必须通过输出回路对控制指令进行功率放大、译码或 D/A 转换，变成可以驱动各种执行元件的强电信号。当执行器需要线性电流量驱动时，单片机通过调整占空比来控制输出回路的导通与截止，使流过执行器电磁线圈的平均电流逐渐增大或减小。因占空比频率较高，所以流过执行器电磁线圈的平均电流不会脉动变化。图 1-6 所示为

ECM 的内部电路框图。

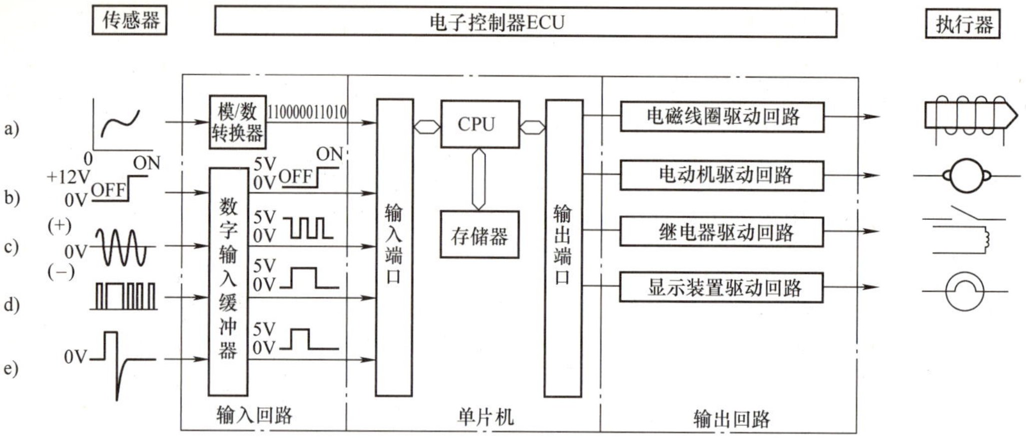

图 1-6　ECM 的内部电路框图

注：a）~e）为相关传感器

（1）A/D 转换器

A/D 是模拟（Analogue）/数字（Data）的简写，它的功用是将模拟信号转换为数字信号，或将数字信号转换为模拟信号。

各种传感器采集的信号可分为模拟信号和数字信号两大类。信号电压（或电流）随时间变化而连续变化的信号称为模拟信号。五菱 CN113R 发动机管理系统中，进气歧管压力信号、进气温度信号、冷却液温度信号、爆震传感器信号、节气门开度信号和加速踏板位置信号等，都是连续变化的线性信号，因此都属于模拟信号。单片机不能识别模拟信号，因此需要经过 A/D 转换器将连续变化的模拟信号转换成数字信号后才能输入微机。

信号电压（或电流）不随时间变化而连续变化的信号称为数字信号。在五菱 CN113R 发动机管理系统中，曲轴位置信号、凸轮轴位置信号、车速信号、离合器踏板开关信号、制动踏板开关信号和空调请求开关信号等都是数字信号，因此需要通过输入回路的数字缓冲器进行限幅、整形处理后，才能传输到单片机进行运算处理。

（2）缓冲器

缓冲器电路主要由整形电路、波形变换电路、限幅电路和滤波电路等组成。某些传感器的输出信号虽为数字信号，但在输入单片机前必须进行波形变换或滤波处理后单片机才能接收。数字输入缓冲器的功用是对单片机不能接收的数字信号进行预处理。例如 L2B 发动机控制系统的点火开关信号、离合器开关信号和制动开关信号均为 12～14V 的电源电压，而单片机能够接收的信号电压为 0V 或 5V，因此需要缓冲器的限幅电路将高于 5V 的信号电压转换成 5V 信号。磁感应式传感器输出的信号为正弦波信号，单片机不能直接处理，必须经过缓冲器的波形变换电路转换成数字信号后才能输入单片机。触点开关式传感器或继电器输出的数字信号含有干扰信号，必须经过缓冲器的滤波电路将干扰消除后，单片机才能接收，否则控制系统无法正常工作。

3. 单片机

单片机是将中央处理器（CPU）、存储器（Memory）、定时器/计数器和输入/输出（I/

O）接口电路等主要计算机部件集成在一块集成电路芯片上的微型计算机。目前，汽车电控系统采用的单片机均为数字单片机，如图 1-7 所示。

图 1-7 数字单片机

（1）处理器（CPU）

中央处理器又称微处理器，它是具有译码指令和数据处理能力的电子部件，是汽车电子控制单元的核心，主要由运算器（CLU）、寄存器和控制器组成，如图 1-8 所示。

（2）运算器

运算器是计算机的运算部件，用于实现数学运算和逻辑运算。汽车上的各种电子控制系统内部的数据运算和逻辑判断过程都在这里进行。

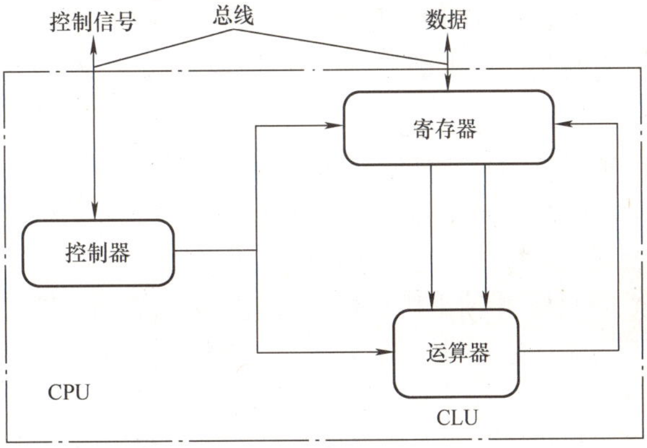

图 1-8 中央处理器（CPU）

（3）寄存器

寄存器用于暂时存储数据或程序指令。

（4）控制器

控制器是计算机的指挥/控制部件，其功用是按照监控程序和应用程序使计算机各部分自动协调工作。

（5）存储器（Memory）

存储器有多种分类方法，按读写操作原理可分为只读存储器（ROM）和随机存储器（RAM）；按功能可分为程序存储器和数据存储器；按构成材料可分为半导体存储器和磁质存储器。

ROM 是一种一旦写入信息就不可更改，只能读出的存储器。实质上，ROM 是一次性写入、可随机读出的存储器。

一般来说，写入 ROM 的信息是在脱机状态下进行的，所记录的信息不会因断电而破坏，也不会因断电而丢失。显然，ROM 适合在制造厂商大批量生产某一系统时，一次性写入供用户使用的信息。

在汽车电控系统中，ROM 用来存储制造厂商编制的控制程序、运行程序和原始试验数据，例如燃油喷射系统最佳混合气的喷油三维脉谱图数据、最佳点火提前角三维脉谱图数据等，即使点火开关关闭，ROM 中存储的信息也不会丢失。

RAM 与 ROM 相比有两点不同：一是 RAM 中的信息既可以随时写入或读出，也可以随时改写，改写时不必先擦除原有内容；二是半导体 RAM 中的信息会因突然断电而丢失。因此在汽车上，RAM 通常用来存储单片机工作时需要暂时存储的数据，例如输入/输出数据、单片机运算得出的结果、故障码、空燃比修正数据等，这些信息根据需要可随时调用或被新的数据覆盖。

由此可见，RAM 起到了寄存器的作用。为保证故障码、空燃比修正数据等能够较长时间保存，汽车电控系统通常将 RAM 电源与专用的后备电源电路或蓄电池直接连接，不受点火开关控制。但是，当后备电源切断、蓄电池正极或负极端子断开时，存入 RAM 中的信息仍会丢失。因此在检修或更换蓄电池前，必须事先调取故障码或采取必要的不断电措施。

有的 ECM 将故障码存储在 EEPROM（电可擦可写存储器）中。即使断开蓄电池，ECU 中的其他信息也不会丢失。故障码必须通过故障诊断仪向 ECU 自诊断系统发出消除命令才能被清除。例如五菱 CN113R 发动机管理系统，故障码的清除必须借助诊断仪。

（6）接口电路（I/O）

接口电路又称输入/输出（Input/Output）接口电路，是 CPU 与传感器或执行器间进行数据交换或下达控制指令的通道。由于传感器或执行器种类繁多，它们的信号速度、频率、电平、功率和工作时序等不可能与 CPU 完全匹配，必须根据 CPU 的指令，通过 I/O 接口进行协调和控制。

（7）总线（BUS）

总线是微机内部传递信息的连线电路。在单片机内部，CPU、ROM、RAM 与 I/O 接口之间的信息交换都是通过总线实现的。微机中的元器件与控制总线相连，CPU 可通过控制总线随时掌握各元器件的状态，并根据需要随时向某个元器件发出控制指令。

总线技术是提高微机运算速度的关键。为满足汽车上各种电子控制单元之间实现快速通信的要求，目前大多数车辆已经采用控制器局域网通信总线，即 CAN 总线技术。

（8）ECM 的工作过程

发动机起动时，ECM 进入工作状态，某些运行程序或操作指令从 ROM 中调入 CPU。这些程序可以控制燃油喷射量、点火时刻和怠速转速等。在 CPU 的控制下，一个个指令按照预先编制的程序有条不紊地进行循环。在程序运行过程中，所需要的发动机工况信息由各种传感器提供。

下一步是将预先存储在 ROM 中的最佳试验数据引入 CPU，将传感器输入的信息与其进行比较。CPU 将来自传感器的各种信息依次取样，与最佳试验数据进行逻辑运算，通过比较判定结果并发出指令信号，经 I/O 接口电路和输出回路控制执行器动作。如果是喷油器驱动信号，则控制喷油开始喷油时刻和喷油持续时间，完成控制喷油功能；如果是点火装置驱动信号，则控制点火闭合角和点火时刻，完成控制点火功能。如果执行器需要线性电流量驱动，则单片机通过调节占空比来控制输出回路的导通与截止，使流过执行器电磁线圈的平均电流线性增大或减小。

发动机工作时，微机运行速度相当快，如点火正时控制，每秒可以修正上百次，因此控制精度很高，点火时刻十分准确。

第三节　车载诊断系统（OBD）

车载诊断系统（On - Board Diagnostics，OBD）又称自诊断系统，它的功用是监测发动机排放。本节介绍了 OBD 系统的基础知识，以及故障码的分类与监测原理。

一、OBD 系统的功能和特点

OBD 技术起源于 20 世纪 80 年代的美国，目前已经发展到第二阶段。下面介绍 OBD 系统的功能和特点，如图 1-9 所示。

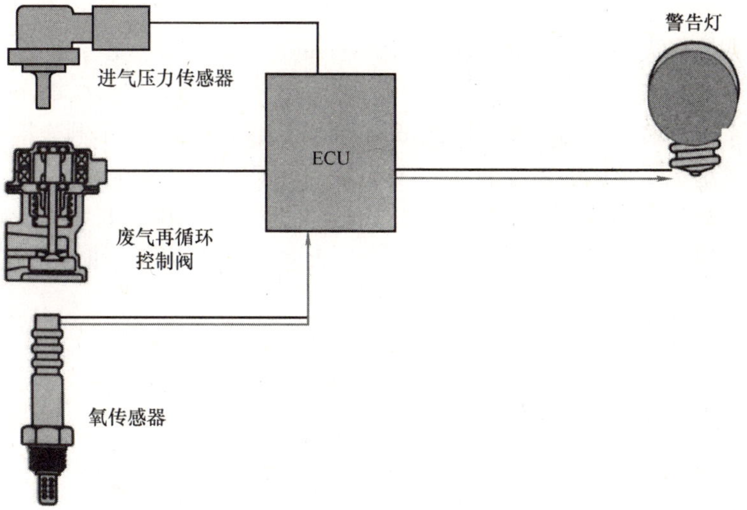

图 1-9　OBD 系统的组成

1. OBD 系统的作用及发展史

汽车尾气污染会危害城市环境，引发呼吸系统疾病，加重城市热岛效应，甚至导致全球气候异常变化。为减少汽车尾气污染，各国纷纷出台措施。从 20 世纪 70 年代末开始，在美国国内销售的汽车已经开始配备可以控制各类系统并诊断故障的电子装置，以提高燃油效率并减少空气污染。

OBD 系统起源于美国，最初的 OBD－Ⅰ系统安装在所有 1991 年及此后生产的轻型汽车中。但 OBD－Ⅰ系统只在排放系统彻底失效时才能诊断出故障。此外，OBD－Ⅰ系统报告排放诊断信息的方式很不规范，这使从所有车辆里获得标准的和可靠的排放信息非常困难。于是，1996 年及此后生产的轻型汽车开始配备 OBD－Ⅱ系统。

OBD－Ⅱ系统相比 OBD－Ⅰ系统增加了新的监测区域，包括三元催化转化器转换效率和决定发动机缺火的曲轴速度，可以获得任何时刻的发动机缺火、碳氢化合物排放增加信息。简单来说，OBD－Ⅱ系统具有下列功能：

1）检测废气控制系统的关联元件是否出现老化或损坏。

2）有用于提醒驾驶人进行废气控制系统保养与检修的警示装置。

3）监控传感器和执行器。

4）使用标准化的故障码，可用通用仪器读取。

OBD－Ⅱ系统无论在标准化还是性能方面都有很大提升。它将诊断接头、电子信号协议以及读取信息格式等都进行了标准化，同时能监测所有传感器的运行情况。一旦有传感器工作不正常，OBD－Ⅱ系统就会将故障码存储到单片机中，同时点亮 OBD 警告灯。故障码可通过将 OBD 系统读码器连接到汽车上的专用接口来读取。

2. OBD 系统与 EOBD 系统的区别

EOBD（European On - Board Diagnostics）系统指欧洲车载诊断系统，它与 OBD 系统的异同如下。

1）相同点：都有失火监测、氧传感器性能监测和三元催化转化器性能监测等功能。

2）不同点

① EOBD 系统失火诊断在发动机转速 4500r/min 以下，OBD - Ⅱ系统则在发动机全工况下进行监测。

② EOBD 系统不监测燃油蒸发泄漏测试，但要求油箱盖必须与车辆连接。

③ EOBD 系统不要求诊断节温器和 PCV 系统，而 OBD - Ⅱ系统需要。

④ EOBD 系统要求记录出现故障码后的车辆行驶里程，OBD - Ⅱ系统不需要。

⑤ EOBD 系统在燃油油面低于 20% 时停止失火监测，而 OBD - Ⅱ系统是低于 15% 时停止失火监测。

⑥ OBD - Ⅱ系统与 EOBD 系统的排放限值不同。

二、故障码的含义和分类

1. 故障码的含义

OBD 系统制定了故障码的标准，统一了车辆故障码含义，方便车载诊断仪进行诊断。还有部分故障码可由厂商根据自产车型的特点来制定。图 1-10 所示为故障码的含义。

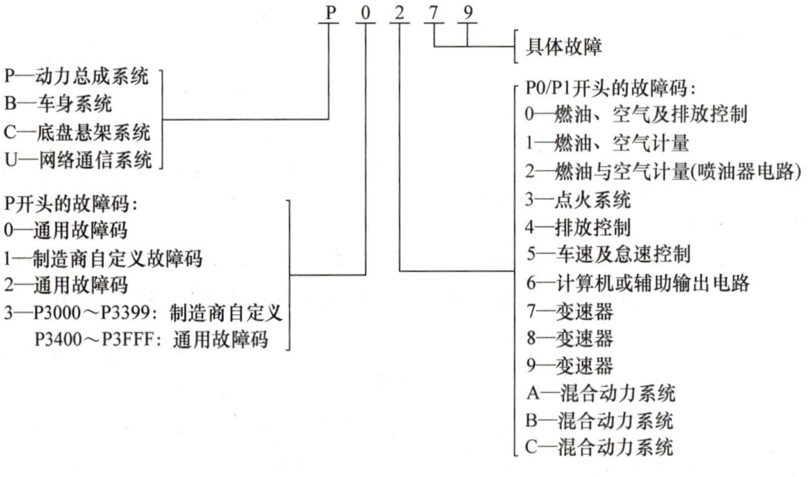

图 1-10 故障码的含义

OBD 系统故障码一般以 P（动力总成）、B（车身）、C（底盘）或 U（电脑通信）开头，后接 0、1、2、3、4、5、6、7、8、9、A、B、C、D、E 或 F 组成的四位代码。

2. 故障码的分类

根据是否对排放有影响及影响程度，故障码可分为 A、B、C、D 和 E 五类。其中，A 类、B 类和 E 类属于与排放相关的故障码，C 类和 D 类属于非排放相关的故障码。不同类型故障码的生成条件、设置故障码时采取的操作及清除故障码的条件均有差异。

（1）A 类故障码

1）生成条件：当诊断程序运行且未通过一次时，ECM 点亮警告灯。

2）设置故障码时采取的操作：ECM 记录诊断未通过时的运行状态，并将此信息存储在“冻结故障状态/ 故障记录”中。

3）清除故障码条件：在四个连续点火循环中，诊断程序运行并成功通过后，ECM 会熄灭警告灯；诊断程序运行并通过时，则清除当前故障码（即上次测试未通过的故障码）；如果在连续 40 个预热循环中，该诊断程序及其他与排放有关的诊断程序都成功通过了测试，则清除历史故障码；用诊断仪可以熄灭警告灯并清除故障码。

（2）B 类故障码

1）生成条件：在第二个连续点火循环中诊断程序运行且未通过时，ECM 点亮警告灯。

2）设置故障码时采取的操作：ECM 记录诊断程序未通过时的运行状态。第一次诊断程序未通过时，ECM 将此信息保存在“故障记录”中。如果在第二个连续点火循环中，诊断程序报告失败，则 ECM 记录诊断程序未通过时的运行状态。ECM 将运行状态写入“冻结故障状态”中，并更新“故障记录”。清除故障码条件与 A 类故障码相同。

（3）E 类故障码

生成条件：在三个连续点火循环中，诊断程序运行且未通过时，才会点亮警告灯并记录故障码。清除故障码条件与 A 类故障码相同。

（4）C 类故障码

1）生成条件：当诊断程序运行且未通过时，ECM 在存储器中存储故障码信息。

2）设置故障码时采取的操作：警告灯不点亮，厂家可根据需要点亮另外一个指示灯。ECM 记录诊断程序未通过时的运行状态。ECM 将此信息存储在“故障记录”中。

3）清除故障码条件：诊断程序运行且通过时，清除当前故障码（即上次测试未通过的故障码）；如果在连续 40 个预热循环中，该诊断程序及其他与排放无关的诊断程序都成功通过了测试，则清除历史故障码；用故障诊断仪可以清除故障码。

（5）D 类故障码

1）生成条件：当诊断程序运行且未通过时，ECM 在存储器中存储故障码信息。

2）设置故障码时采取的操作：不点亮任何警告灯。ECM 不记录诊断程序未通过时的运行状态。ECM 不会将此信息存储在“故障记录”中。

3）清除故障码条件：当诊断程序运行且通过时，清除当前故障码（即上次测试未通过的故障码）；如果在连续 40 个预热循环中，该诊断程序及其他与排放无关的诊断程序都成功通过了测试，则清除历史故障码；用故障诊断仪可以清除故障码。

三、故障码监测原理和失效保护

OBD 系统的一项重要功能是能对发动机控制系统的零部件故障及性能故障进行监测/判断。监测/判断的方法通常有阈值监测、逻辑监测和性能监测等。另外，当 OBD 系统发现传感器、控制开关或执行器发生故障时，车辆会进入失效保护模式。在此情况下，车辆还能维持基本的行驶能力，以便驾驶人驾车行驶到修理厂。

1. 阈值监测

ECU 通过识别信号电压是否在正常范围内，来识别零部件及其线路是否有故障。

2. 传感器类故障码的阈值监测（图 1-11）

以 L2B 发动机 ECM 报进气歧管绝对压力传感器（MAP）故障码为例，正常的 MAP 信号电压在 0.20 ~4.80V 之间，而不是 0 ~5V 之间。如果所监测的信号电压低于最低限值且持续一定时间，则 ECM 识别出信号电压过低，可能的故障原因是信号线路对搭铁短路或传感器内部对搭铁短路；如果所监测的信号电压高于最高限值且持续一定时间，则 ECM 识别出信号电压过高，可能的故障原因是信号线路对电源短路或传感器内部开路等。如果 ECM 认为 MAP 信号电压正常范围在 0 ~5V 之间，则不能识别线路对搭铁短路、对电源短路等故障。

故障码 P0107：含义为进气歧管绝对压力传感器（MAP）电路电压过低。设置故障码的条件是 ECM 检测到进气歧管绝对压力传感器电压低于 0.20V，且持续 5s 以上。

故障码 P0108：含义为进气歧管绝对压力传感器电路电压过高。设置故障码的条件是 ECM 检测到进气歧管绝对压力传感器电压高于 4.80V，且持续 5s 以上。

3. 执行器类故障码的阈值监测（图 1-12）

以 L2B 发动机 ECM 报 EVAP 电磁阀故障码为例，电源电压直接提供给 EVAP 电磁阀。ECM 通过一个称作驱动器的内部开关控制 EVAP 电磁阀搭铁，同时监测驱动器的状态。

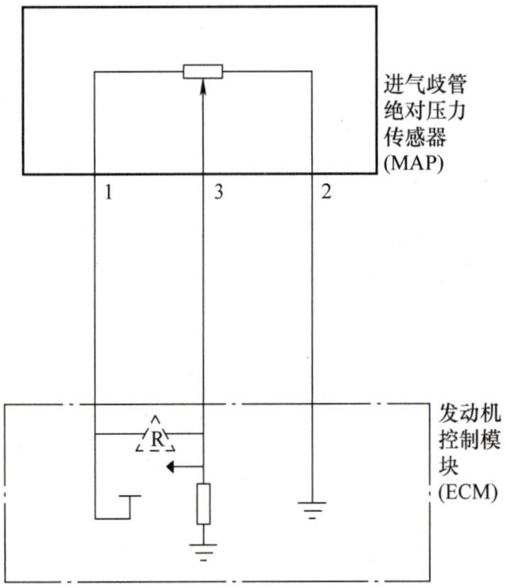

图 1-11　传感器类故障码的阈值监测

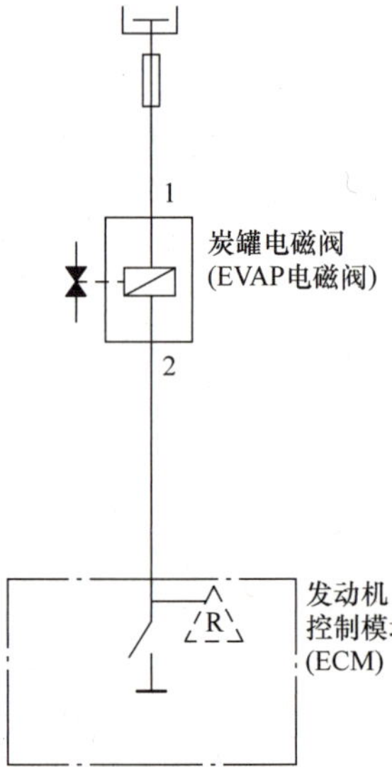

图 1-12　执行器类故障码的阈值监测

故障码 P0458：含义为 EVAP 电磁阀控制电路电压过低。设置故障码的条件是 ECM 检测到指令电磁阀关闭时，电磁阀控制电路电压过低。

故障码 P0459：含义为 EVAP 电磁阀控制电路电压过高。设置故障码的条件是 ECM 检测到指令电磁阀接通时，电磁阀控制电路电压过高。

以上传感器和执行器的监测电压超出正常范围后才能监测到故障码。因此这类故障码的特点是报“电压过低”或“电压过高”，有的车型为“高输入”或“低输入”。如果其监测值在正常范围内，但信号不能准确反映传感器和执行器实际的工作状况，例如电磁阀卡滞类故障，则阈值监测法不能准确报出故障码。

4. 性能监测

性能监测能够弥补阈值监测的不足。以 L2B 发动机 ECM 报进气歧管绝对压力传感器故障码为例。

故障码 P0105：含义为进气歧管绝对压力传感器无波动。设置故障码的条件是 ECM 检测到进气歧管绝对压力传感器信号的变化幅度始终小于 0.5kPa。

5. 逻辑监测（图 1-13）

有些故障必须依靠逻辑对比和判断才能被识别。以 L2B 发动机 ECM 报离合器踏板开关故障码为例进行说明。

针对开关类故障码，从理论上讲，ECM 无法判断其是否正常，因为 ECM 识别出一个高电位就认为离合器踏板被踩下，识别出一个低电位就认为离合器踏板被释放。离合器的释放、分离都是一种状态，ECM 从表面上并不能判断出线路或开关异常，但可以借助其他信号进行逻辑判断和对比，进而发现离合器开关信号异常。

故障码 P0831：含义为离合器踏板开关 1 电路电压过低。

故障码 P0832：含义为离合器踏板开关 1 电路电压过高。设置故障码的条件是发动机在运转过程中，车速从低于 3km/h 升至65km/h，或从低于 65km/h 降至 3km/h。若 ECM 检测到离合器踏板位置开关信号始终处于低电平状态，则报 P0831 故障码；若 ECM 检测到离合器踏板位置开关信号始终处于高电平状态，则报 P0832 故障码。

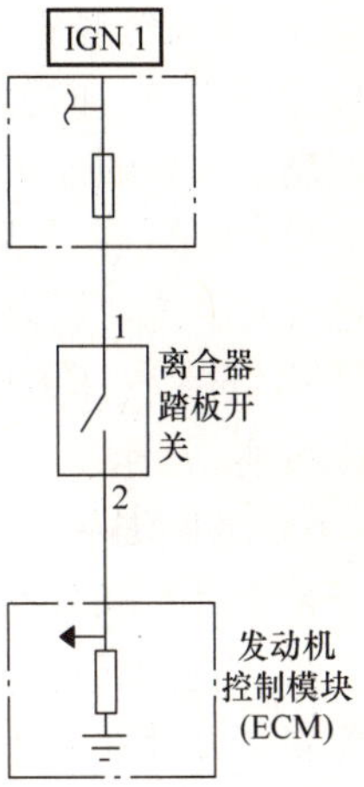

图 1-13　逻辑监测

以上是常见的 ECM 监测方法，处置不同类型的故障码，检测方法是不同的。要想快速准确地排除故障，就必须参照维修手册中的故障码设置条件，有目的地进行检查判断。

6. 监测电压

为判断传感器信号电路或执行器控制电路是否存在故障，ECM 内部为部分关键电路设计了监测电路，该电路在拔下传感器或执行器时，通过测量 ECM 侧的电路电压来判断监测电压。可以利用该电压来快速判断线路是否存在开路、对搭铁短路等故障。例如 L2B 发动机控制系统，在拔下喷油器插头、打开点火开关的情况下，喷油器的控制线应有 3.5V 左右的开路电压。

7. 失效保护

失效保护功能又称备用功能。当自诊断系统发现某个传感器、控制开关或执行器发生故障时，ECM 会以预先设定的参数取代故障传感器、控制开关或执行器工作，使控制系统维持控制功能，汽车则进入故障应急状态运行并维持基本的行驶能力。

发动机控制系统在失效保护状态下工作时，发动机性能会受到一定程度的影响。因此，有些车型的发动机自诊断系统会自动切断空调等辅助电气系统电路，以减小发动机的工作负荷。

汽车发动机电控系统的失效保护功能主要包括以下方面：

1）当冷却液温度传感器正常工作时，冷却液温度一般在 -44.25 ~ 142.5℃之间（大陆西门子系统）。当冷却液温度传感器电路发生短路或断路故障时，其输出电压信号会低于或高于标准值。ECM 接收到错误信号时，自诊断系统会判定冷却液温度传感器及其电路有短路或断路故障，并立即启用失效保护功能。不同电控系统的设定备用温度值可能不同。例如大陆西门子管理系统，车辆在行驶中监测到冷却液温度线路或传感器出现短路或断路故障时，ECM 以出现故障前的冷却液温度信号进行喷油、点火控制。此外，ECM 还会根据发动机的运行时间，参考其他信息来推算当前发动机的冷却液温度信号，并按照推算的信息进行相关控制。为保护发动机，ECM 还会执行散热风扇高速运行、切断空调电路等必要的保护措施。

2）当进气温度传感器或其电路出现短路或断路故障时，ECM 会按默认值来控制点火、喷油。

3）当进气歧管绝对压力传感器或其电路出现短路或断路故障时，ECM 会依据节气门位置传感器信号、曲轴位置传感器信号等进行综合计算，以判断当前的进气歧管绝对压力值，并控制点火、喷油。

4）当节气门位置传感器或其电路出现短路或断路故障时，ECM 会根据发动机转速信号和进气歧管绝对压力传感器信号计算出一个替代值来控制点火、喷油。

5）当大气压力传感器或其电路出现短路或断路故障时，ECM 会按照默认值来控制点火、喷油。

6）当氧传感器或其电路出现断路或短路故障，或输出信号电压保持不变或 10s 内变化低于 8 次时，ECM 会取消空燃比反馈控制，并以开环控制方式控制喷油。

7）当曲轴位置传感器故障时，ECM 接收不到曲轴转速与转角信号，大多数电控系统无法控制点火时刻和喷油时刻，即不能实施失效保护，发动机无法起动。但是有些电控系统可以通过凸轮轴位置传感器信号来计算点火时刻和喷油时刻，虽然控制误差较大，但发动机可以勉强起动。此时发动机工作性能较差，需要尽快驶往维修站。

有些执行器在设计时就考虑到故障应急模式，因此可以在故障条件下工作。例如 L2B 发动机的电子节气门系统，在控制线路或电动机出现故障时，节气门保持约 20% 的固定开度，保证汽车有能力行驶到维修站。

8. 案例学习

1）故障现象：一辆五菱汽车常出现无法正常起动现象，正常行驶时车辆有时发顿，属间歇性故障。该车采用西门子管理系统。

2）故障检测和分析：试车时起动机运转轻快有力，但发动机确实无起动征兆，可以确定蓄电池电量充足。重新打开点火开关观察仪表板，发现发动机警告灯不亮，而其他指示灯工作正常，未听到燃油泵和主控继电器工作的声音。经过分析，故障原因可能是 ECM 供电电路或 ECM 自身出现问题。

首先检查熔断器和线路，没有发现问题。重新打开点火开关，意外发现发动机警告灯已点亮，同时听到燃油泵工作的声音，尝试起动发动机，竟然可以正常起动。发动机运转过程中摇晃线束，发动机仍能正常平稳运转。因此判断此故障属线路接触不良造成的间歇性故障，如图 1-14 所示。

拆下发动机线束仔细检查，发现 ECU 插接器处常火线针脚的中间插孔较大，极易造成接触不良，导致发动机无法起动。

3）故障处理：修复 ECM 插接器针脚。

由该故障案例可知，遇到不能着车类故障时，首先通过仪表板观察发动机警告灯是否点亮，同时听燃油泵是否工作，进而判断 ECM 是否工作。如果 ECM 不工作，则故障原因可能是 ECM 供电电路或 ECM 自身存在问题。接下来应检查 ECM 供电电路，切不可盲目更换 ECM。

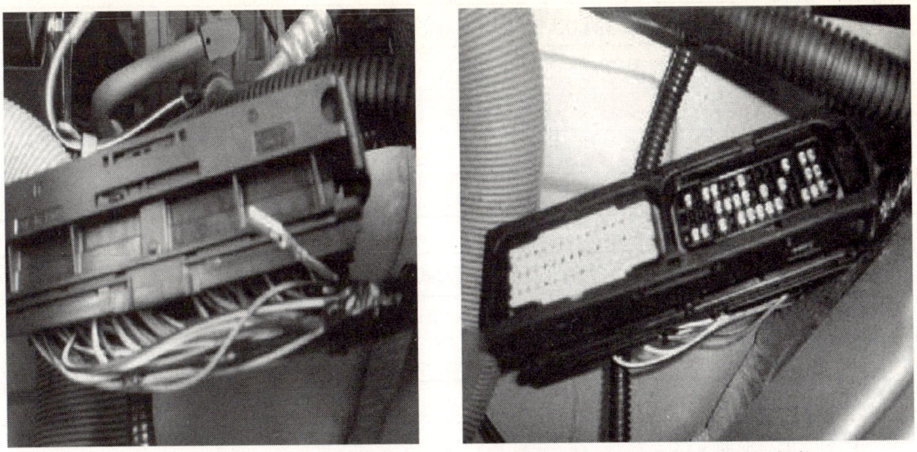

图 1-14 ECM 供电电路或 ECM 内部线路接触不良造成的间歇性故障

第四节 学习成果自检

填写以下表格，检验自己的学习成果。

序号	问题	自检结果
1	发动机管理系统有哪些功能？	
2	发动机管理系统由哪三部分组成？	
3	ECM 的 12V 供电电路有几种？	
4	12V 常电源断路对 ECM 有何影响？	
5	A/D 转换器的作用是什么？	
6	故障码每一位的含义是什么？	
7	故障码分为几类？	
8	故障码的监测方式有几种？	
9	什么是逻辑监测？	
10	失效保护指的是什么？	

第五节 章 练 习 题

一、单项选择题

问题 1	故障码 P0279 的第三位含义是什么？（　　）	
	A	动力总成
	B	通用故障码
	C	燃油与空气计量系统
	D	点火系统

问题 2	对于 A 类故障码，故障发生几次时 ECM 会点亮警告灯？（ ）	
	A	一次
	B	二次
	C	三次
	D	四次

问题 3	OBD 系统对离合器开关的监测属于哪种监测方式？（ ）	
	A	阈值监测
	B	性能监测
	C	逻辑监测
	D	电压监测

二、多项选择题

问题 1	汽油发动机管理系统由哪几部分组成（ ）	
	A	传感器
	B	ECM
	C	执行器
	D	驱动部分

问题 2	下面哪几个传感器需要 ECM 提供 5V 参考电源（ ）	
	A	节气门位置传感器
	B	进气压力传感器
	C	EGR 阀位置传感器
	D	氧传感器

三、简答题

1. ECM 的供电电路有几种电源？

____

____

____

2. 简述 ECM 的工作过程。

____

____

____

四、思考与讨论

1. OBD 系统对传感器和执行器的监测方式有几种？

2. 故障码每一位的含义分别是什么？

第二章　空燃比控制系统

● 学习要点：

1）混合气的形成与控制。
2）进气控制原理和故障诊断。
3）进气计量原理。
4）燃油供给与燃油喷射。
5）燃油修正的原理和故障诊断。

● 学习目标：

1）能够简述混合气的形成和控制策略。
2）能够解释进气控制系统特点并对其进行故障诊断。
3）能够解释进气计量原理。
4）能够解释燃油供给和燃油喷射系统工作原理。
5）能够解释燃油修正原理并利用燃油修正原理对空燃比系统进行故障诊断。

第一节　混合气的形成与控制

汽油发动机的混合气在进气道里（歧管喷射发动机）或气缸内（缸内直喷发动机）形成。在发动机进气行程中，进气门开启，空气流过进气道进入气缸。此时，喷油器开始喷油，通过喷油器的雾化和气流的冲击使燃油和空气混合。火花塞点火时，其附近的混合气首先被点燃，然后火焰再一层一层地向周围扩散，这样的燃烧过程是比较理想的。本节主要介绍空燃比的概念和空燃比的控制策略。

一、空燃比概念

空燃比指混合气中空气质量和燃油质量的比例。空燃比是否正常对汽油发动机的工作有非常重要的影响。

1. 影响燃烧的因素（图 2-1）

汽油发动机工作过程的核心是燃烧。燃烧过程的要素包括空气、燃油、火花和排气。汽油发动机的运行共有三个基本要素，分别是空燃比合适的混合气、对混合气的合理压缩、适时点燃混合气的火花。

对于点燃式汽油发动机，要使燃烧过程顺利进行，就要确保各要素发挥正常作用。

1）空气：清洁的空气对于良好的燃烧是不可或缺的。

2）燃油：燃油是燃烧反应的主要参与者，保证其优质和清洁是极其重要的。

3）水：水对于燃烧是无益的，如果燃油中含有水，则燃烧过程会受到抑制。

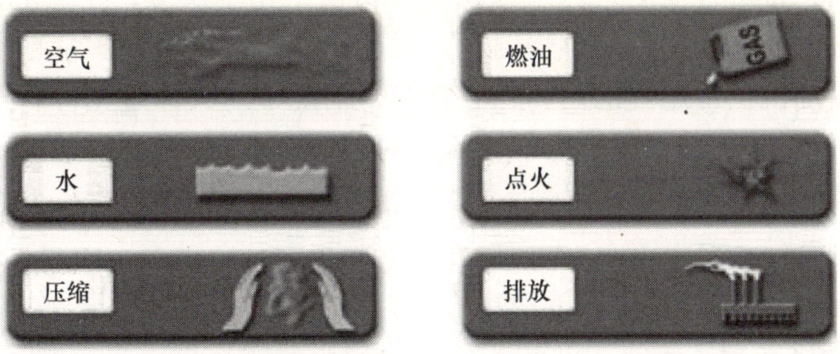

图 2-1 影响燃烧的因素

4）火花：火花为燃烧提供基本能量，它是燃烧过程的“起动器”。

5）压缩气体：正常的气缸压力/压缩压力是形成良好燃烧过程的关键，是使发动机输出功率、产生热量的一个重要条件。

6）排气：混合气燃烧后，废气必须及时排出，如果不能及时排出，则会影响新鲜混合气的进入，或因废气存在而影响混合气燃烧。

2. 汽油发动机的有害排放物（图 2-2）

汽油发动机工作时会产生一定量的排放物，其中一些是有害的。

排放物包括一氧化碳（CO）、碳氢化合物（HC）、氮氧化合物（NO_X）、二氧化碳（CO_2）和氧气（O_2）。其中，会对环境造成污染的是一氧化碳、碳氢化合物和氮氧化合物。

以上各污染物的产生机理有相同之处，也有一些差别。

图 2-2 汽油发动机的有害排放物

汽油发动机气缸内的混合气燃烧时，汽油与空气中的氧气发生化学反应，在理想情况下，燃烧生成二氧化碳和水，并释放出大量的热能推动活塞做功。

混合气的燃烧过程非常复杂，化学反应通常分为若干步完成，一氧化碳是这些化学反应的中间过程产物。如果混合气中的氧气含量不足，则一氧化碳无法完成正常的燃烧过程，会随着废气排出发动机。

汽油实际上是各种碳氢化合物的混合体。如果燃烧过程很理想，则排放物中的碳氢化合物含量很低。碳氢化合物还可能来自燃油箱内的燃油蒸气、曲轴箱内的未燃烧燃油等。

氮氧化合物是在高温情况下，空气中的氮气和氧气发生化学反应生成的。氮气在常温下很稳定，温度升高到一定程度后，氮气和氧气开始发生化学反应，生成大量的氮氧化合物。影响氮氧化合物含量的主要因素是燃烧温度，温度越高氮氧化合物含量越高。

二氧化碳是发动机正常燃烧的产物，它在正常情况下对人体是无害的。

通过以上分析可知，混合气过浓或过稀都会导致汽车有害排放物增加，因此空燃比控制是降低汽车排放的最根本措施。

3. 空燃比

空燃比 = 实际进气质量/实际燃油消耗质量。发动机工况不同，需要的空燃比也不同。

（1）理论空燃比（图 2-3）

理想混合气也称平衡混合气，其空燃比称为理论空燃比，约为 14.7∶1。以该比例混合的空气和燃油可以完全燃烧。

（2）稀混合气（图 2-4）

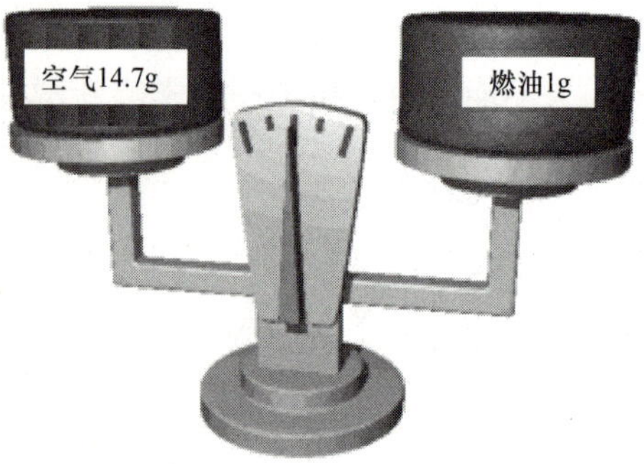

图 2-3　理论空燃比

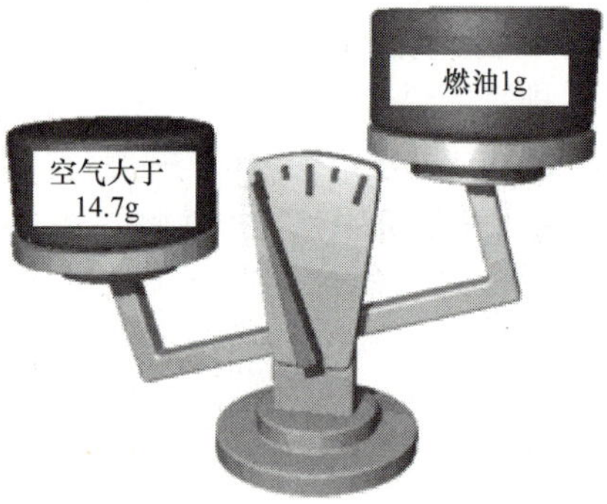

图 2-4　稀混合气

稀混合气中的氧气含量多于混合气完全燃烧所需的量，简单说就是油少气多。

空燃比为 15∶1 ~ 16∶1 时，混合气偏稀，发动机输出功率稍有降低，但燃烧效率提高，这种空燃比称作经济空燃比。

混合气偏稀时，火焰传播较困难。因此，为可靠点火需要较长火花持续期。

过稀的混合气可能因无法点火而导致失火，造成碳氢化合物排放量增加，发动机输出功率下降。

（3）浓混合气（图 2-5）

浓混合气中的氧气含量少于混合气完全燃烧所需的量，简单说就是油多气少。

空燃比为 13∶1 左右时，发动机可获得最大输出功率，这种空燃比称作输出空燃比或功率空燃比。

混合气较浓时，火焰传播较容易，传播速度较快。浓混合气不需要较长的火花持续期便能可靠点火。

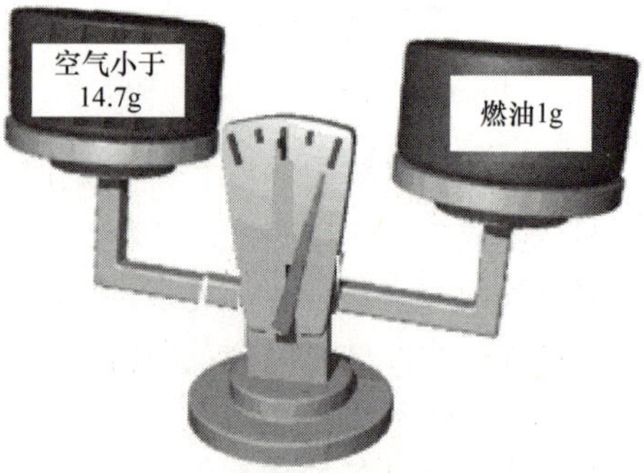

图 2-5　浓混合气

过浓的混合气可能无法点火，导致失火。在这种情况下，碳氢化合物排放量会增加，发动机输出功率下降，燃油经济性变差。

(4) 过量空气系数

混合气的空燃比还有另外一种表示方法，即过量空气系数，用 λ 表示。λ = 实际空燃比/理论空燃比。

$\lambda = 1$ 时，空燃比为理论空燃比，燃油与空气中的氧气可完全燃烧。

$\lambda < 1$ 时，空燃比较低，混合气偏浓。

$\lambda > 1$ 时，空燃比较高，混合气偏稀。

二、空燃比控制

发动机在不同工况下需要不同空燃比的混合气，这能使发动机具有良好的起动、怠速和加速性能，如图 2-6 所示。

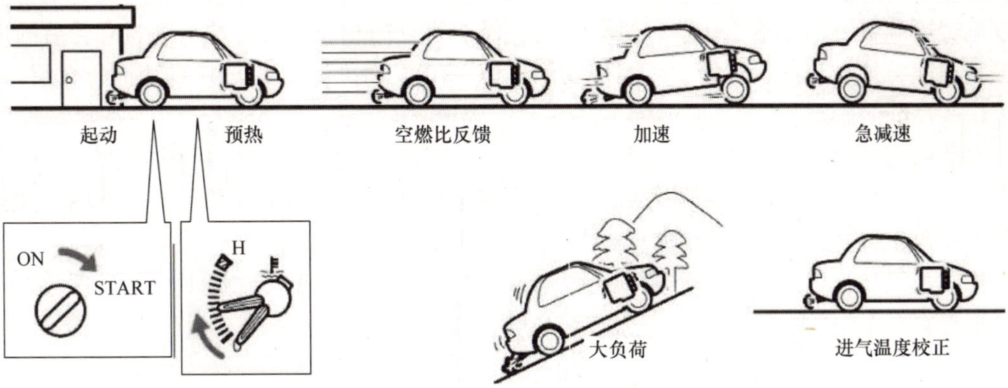

图 2-6　空燃比控制

1. 起动工况

发动机冷起动时，混合气中含有的燃油蒸气量相对较少，混合气偏稀。低温导致空气与燃油混合不充分，燃油蒸发率低并在进气管壁上凝结。为克服这些负面影响，使冷起动更容易，必须提高喷油量。

2. 预热暖机工况

较低的温度降低了油气混合的效率，此时发动机仍然需要加浓混合气，以弥补燃油在进气道壁上凝结造成的损失。

3. 怠速工况

发动机暖机后，在怠速和小负荷工况时，由于转速较低、进气量较小、进气流速较慢，空燃比应在 14.7∶1 左右。

4. 大负荷工况

发动机大负荷时，需要提供加浓混合气，以实现最大的转矩和功率输出。

5. 加速与减速工况

发动机在加速工况时，需要提供加浓混合气。而发动机在减速工况时，混合气会变浓，因此需提供稀混合气。ECM 监测到驾驶人松开加速踏板或节气门突然关闭时，会切断燃油供给，此工况称为减速断油工况。

第二节 进 气 控 制

发动机工作时，驾驶员通过加速踏板控制节气门的开度，以此来改变进气量，调节发动机的转速。进入发动机的空气经空气滤清器滤去杂质后，流经空气流量传感器，沿节气门通道进入动力腔，再经进气歧管分配到各气缸中。五菱 L2B 发动机采用可变进气歧管（VIM）和可变配气相位（VVT）技术对进气系统进行控制。

一、可变进气歧管（VIM）控制

VIM（Variable Intake Manifold）指可变进气歧管。可变进气歧管通过改变进气管的长度或截面积，提高混合气燃烧效率，使发动机在低转速时运转更平稳、转矩输出更充足，高转速时运转更顺畅、功率输出更高。进气歧管一端与进气门相连，另一端与进气总管后的进气谐振腔相连，气缸与进气歧管一一对应。下面以 L2B 发动机为例对 VIM 系统进行介绍。

1. VIM 系统功能

发动机运转时，进气门不断地开启或关闭。进气门开启时，进气歧管中的混合气以一定的速度进入气缸；进气门关闭时，混合气受阻就会反弹，周而复始会产生一定频率的振动。这种现象叫作进气管的“共振效应”，如图 2-7 和图 2-8 所示。

如果进气歧管很短，则振动频率会提高；如果进气歧管很长，则振动频率会降低。如果进气歧管中混合气的振动频率与进气门的开启频率相同，则进气效率会显著提高。

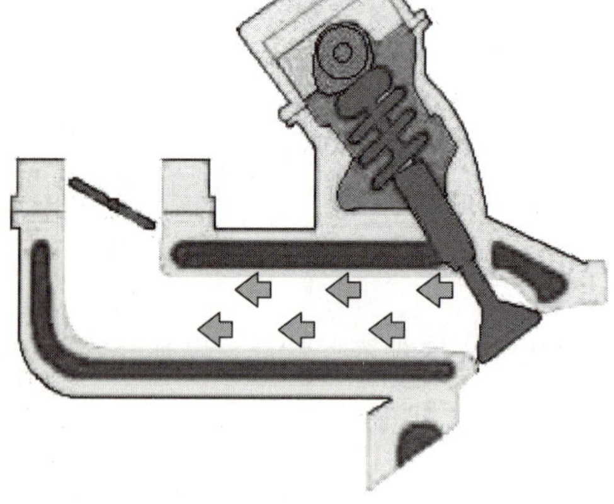

图 2-7　共振效应（进气门关闭）

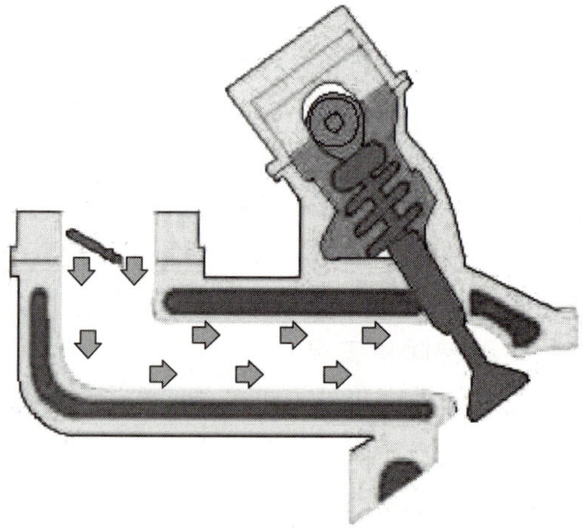

图 2-8　共振效应（进气门打开）

可变进气歧管在发动机高转速和低转速时都能提供最佳配气。发动机在低转速时，又长又细的进气歧管可以增加进气的气流速度和气压强度，并使燃油更好地雾化，燃烧更充分，进而提高转矩（就像捏扁水管后，水流就会更有“力”）。发动机在高转速时需要大量混合气，又粗又短的进气歧管能吸入更多混合气，提高输出功率。

2. VIM 系统组成

VIM 系统由真空管、电磁阀、真空执行器、控制进气歧管长短的阀门组成，如图 2-9

所示。

3. VIM 系统控制（图 2-10）

发动机转速在 4600r/min 左右时，可变进气歧管的控制阀门关闭，气流通过较长的通道流入气缸。

发动机转速超过 4600r/min 时，ECM 控制电磁阀工作，电磁阀打开，使真空执行器内部产生真空，真空执行器拉杆随即带动可变进气歧管控制阀门打开，空气通过较短的通道流入气缸，以提高输出功率。注意，VIM 的工作只受发动机转速影响，与负荷无关。

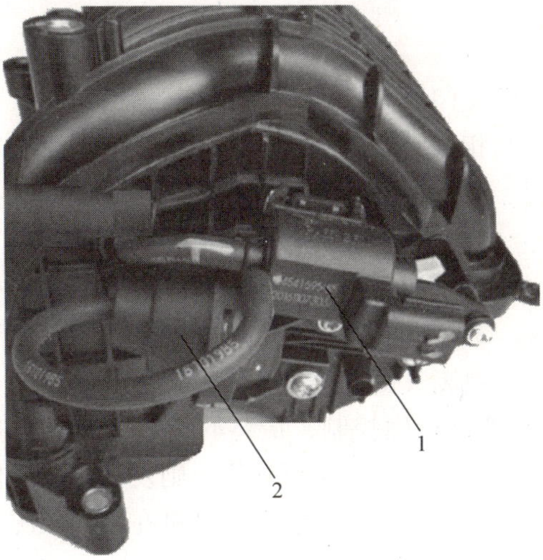

图 2-9 VIM 系统组成

1—电磁阀 2—真空执行器

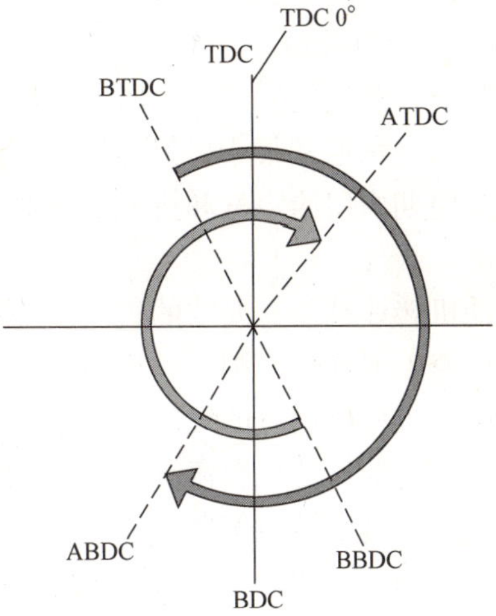

图 2-10 VIM 系统控制

二、可变气门正时（VVT）控制

VVT（Variable Valve Timing）即可变气门正时，又称可变配气正时。现在多数民用车发动机都采用了该技术，目的就是平衡发动机的动力和尾气排放问题。

对于传统发动机，依据不同的用途和客户需求，有的配气相位是为满足低速大负荷需求而设计的，而有的则是为满足高速大负荷需求而设计的。一台发动机的配气相位设计好后，就只能满足一种需求。而采用 VVT 技术的发动机，则能很好地平衡这两种需求。

1. 发动机配气相位的设置（以不采用 VVT 技术为例）

发动机的动力性能取决于进入燃烧室的混合气是否充足。

理论上，四冲程发动机的进气门在曲拐处于上止点时开启，在曲拐转到下止点时关闭；排气门则在曲拐处于下止点时开启，转到上止点时关闭。进气时间和排气时间各占 180° 曲轴转角。但这样的气门正时，配气效率并不是最高的。

（1）排气门开启的时机

排气行程中，活塞会压迫废气，即对废气做功，这会消耗一部分发动机已经获得的能量。如果在活塞到达下止点前，即缸内压强相对较高时提前开始排气，排气过程就会更顺畅，从而减少能量消耗。

（2）进气门关闭的时机

如果在压缩行程刚开始，即活塞由下止点开始向上止点运动时关闭进气门，则可以增加进气量，改善发动机性能。因为在进气行程中，可燃混合气被活塞抽入气缸，进气门附近的气流速度可达200m/s，而活塞在下止点附近的垂直运动速度相对较慢，气缸内的体积变化并不大，此时进气歧管内的可燃混合气靠惯性继续流入气缸的趋势仍然很强。

（3）排气门的关闭和进气门的开启时机

如果排气门在进气行程刚开始，即活塞由上止点开始向下止点运动时关闭，则排气门附近的废气会继续排出，此时进气门和排气门都处于开启状态。而燃烧室内的废气涡流方向决定了废气短时间内不会通过进气门反流。

（4）气门重叠角

进气门和排气门同时打开时所对应的曲轴转角即气门重叠角。

气门重叠角通常很小，但对发动机性能的影响却相当大。发动机转速越高，每个气缸在一个做功周期内留给吸气和排气的绝对时间就越短。而适当增大气门重叠角可延长吸气和排气时间。

发动机转速越高，要求的气门重叠角就越大（实际情况不一定是这样）。如果配气机构针对高转速工况优化，则发动机容易达到较高转速，并输出较大功率。但在低转速工况下，这样的配气机构所提供的气门重叠角会明显偏大，导致废气由进气歧管反流，充气量反而会下降，气缸内的气流也会紊乱，ECM 难以对空燃比进行精确控制，最终的结果是发动机怠速不稳，低速输出转矩偏低。相反，如果配气机构只针对低转速工况优化，则发动机的峰值功率就会下降。因此，传统发动机的配气机构都采用折衷设计，不能使发动机在两种工况下都达到最优状态。

2. L2B 发动机 VVT 执行器结构和工作原理

VVT 执行器由以下部件组成（图 2-11）：与链轮经螺栓固定为一体的定子；与凸轮轴经螺栓固定为一体的转子；位于 VVT 执行器外部用于转子回位的回位弹簧；转子与定子之间的锁止销及回位弹簧；VVT 执行器内部的油道。

（1）结构

传统发动机的正时链轮与凸轮轴通过花键或螺栓连接成一个刚体，两者之间不可能发生相对运动。配备 VVT 系统后，链轮由链条来驱动，凸轮轴不再与链轮直接连接，而是与链轮内的转子通过机械连接形成刚体。凸轮轴与转子不能相对运动，但转子与定子链轮之间可以有一定角度的位移量。L2B 发动机的位移量为 52°曲轴转角。VVT 执行器分进气和排气两部分，可通过其壳体表面的字母来识别，“IN”代表进气，“EX”代表排气。图 2-12 所示为 VVT 执行器外部结构。

图 2-11　VVT 执行器的内部结构

（2）工作原理

VVT 执行器的作动主要依靠给转子与定子间形成的前、后油腔分别加压或泄压来实现。油压源于发动机机油压力。主油道内的机油具有一定压力，通过一个机油控制阀控制。由 ECM 向电磁阀发出指令，电磁阀将通向 VVT 执行器转子前、后油腔的机油油路分别与主油道和泄压口连通，即主油道可与前油腔相通，也可与后油腔相通，泄压口可与后油腔相通，也可与前油腔相通。在机油压力的作用下，转子就可以相对定子链轮移动一定角度。下面以 L2B 发动机进气 VVT 执行器为例进行说明。

图 2-12　VVT 执行器的外部结构

1）VVT 电磁阀不工作－保持，如图 2-13 所示。

VVT 电磁阀不工作时，执行器内的转子后油腔与泄压口相通，前油腔与主油道相通。这样，在机油压力、回位弹簧及链条带动定子转动的共同作用下，转子回到初始位置。此时，位于转子内的锁止销与定子内的孔对齐，锁止销在弹簧力的作用下向下移动。随后，锁止销将转子与定子锁止为一个整体。转子与定子在链条的带动下同步转动，正时与不带 VVT 装置的发动机完全一致。

2）VVT 电磁阀工作－提前，如图 2-14 所示。

图 2-13　VVT 电磁阀不工作－保持

图 2-14　VVT 电磁阀工作－提前

VVT 电磁阀工作时，执行器内的转子前油腔与泄压口相通，后油腔与主油道相通。后油腔的压力机油首先将锁止销向上顶起，使转子与定子解锁。转子在机油压力的作用下，因相对定子有逆时针方向转动的趋势而滞后（图 2-14 中所示为 L2B 发动机排气凸轮轴执行器）。ECM 监测到凸轮轴滞后的角度达到预期时，操纵电磁阀，使后油腔不再有机油继续供给，前油腔也不再与泄压口相通，这样机油被密闭在前、后油腔内，因此维持一定的角度不变。随着发动机工况的变化，ECM 需要更大的滞后角度，于是再次操纵电磁阀，使后油腔继续与主油道相通，前油腔继续与泄压口相通。转子在机油压力的作用下，又可以逆时针方向转动一定角度。角度满足设定需求时又停止向后油腔供油，前油腔也不再泄压，滞后角又可以保持。

3）电磁阀工作-滞后，如图2-15所示。

发动机工况再次发生变化时，ECM需要较小的滞后角，停止操纵电磁阀，使前油腔与主油道相通，后油腔与泄压口相通。转子在前油腔机油压力、回位弹簧及链轮驱动的作用下，顺时针方向转动，滞后角减小。达到期望角度时又可以维持不变。

排气执行器的作用是使排气滞后，进气执行器的作用是使进气提前。进气执行器外侧弹簧的弹力作用方向与机油压力方向相同，起到助力作用。

3. L2B发动机VVT系统机油油路

L2B发动机的VVT电磁阀安装在气门室罩盖上，如图2-16所示。

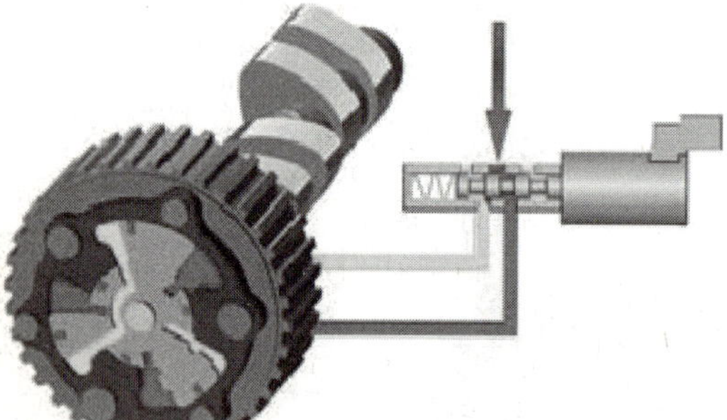

图2-15　VVT电磁阀工作-滞后

图2-16　VVT电磁阀位置

如图2-17所示，发动机主油道经过VVT系统机油油路1，即气缸盖上的VVT主油道，将机油供入与之相连的VVT系统机油油路2，即凸轮轴第一道轴瓦盖上的VVT主油道（图2-18）。如图2-19所示，再经过轴承盖内部的油道将机油供入与之相连的VVT系统机油油路3，即气门室罩盖的进油口。气门室罩盖的进油口将机油经过内部的机油道分别向两个电磁阀的进油口供油。

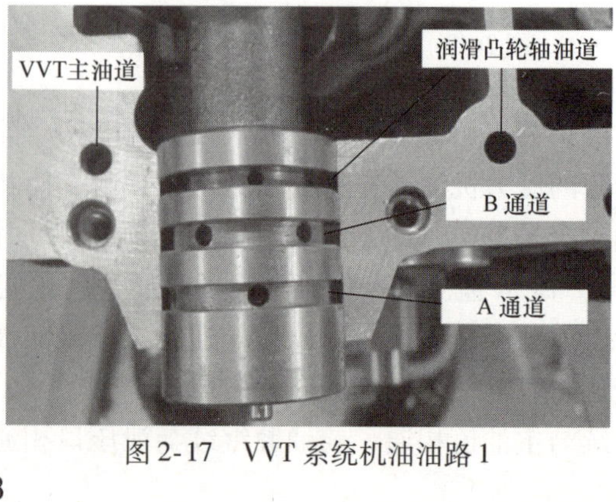

图2-17　VVT系统机油油路1

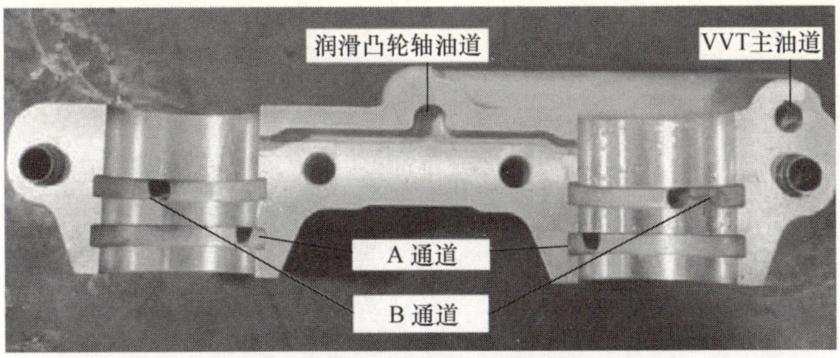

图 2-18 VVT 系统机油油路 2

电磁阀再将机油通过 VVT 系统机油油路 3 内部的滑阀向 A 通道或 B 通道供出。VVT 系统机油油路 3，即气门室罩盖上的 A 通道或 B 通道将机油供入与之相配的凸轮轴瓦盖上的 A 通道或 B 通道。VVT 系统机油油路 3 中的 A 通道或 B 通道与 VVT 系统机油油路 2 中的 A 通道或 B 通道在瓦盖内部的油道相通。

VVT 系统机油油路 2 中的 A 通道或 B 通道，经过凸轮轴瓦盖、缸盖、凸轮轴所形成的油道，使 VVT 系统机油油路 2 中的 A 通道或 B 通道机油分别与 VVT 系统机油油路 1 中的 A 通道或 B 通道相通。如图 2-20 所示，VVT 系统机油油路 1 中的 A 通道或 B 通道与 VVT 系统机油油路 4 中的凸轮轴内部油道相通，使机油从 VVT 系统机油油路 4 中的 A 通道或 B 通道输出。VVT 系统机油油路 4 中的 A 通道或 B 通道将机油供入 VVT 执行器转子的前油腔或后油腔。

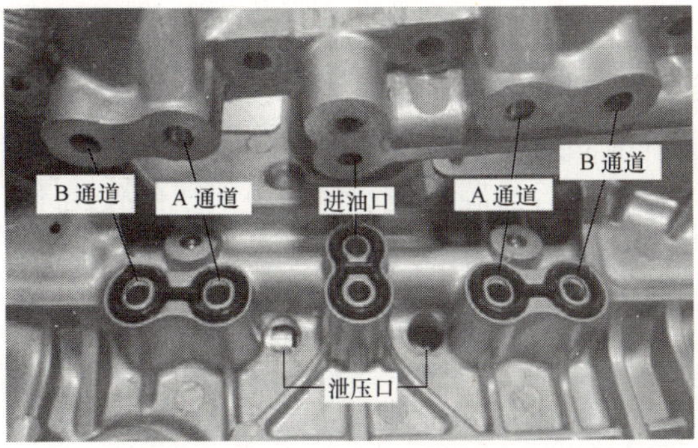

图 2-19 VVT 系统机油油路 3

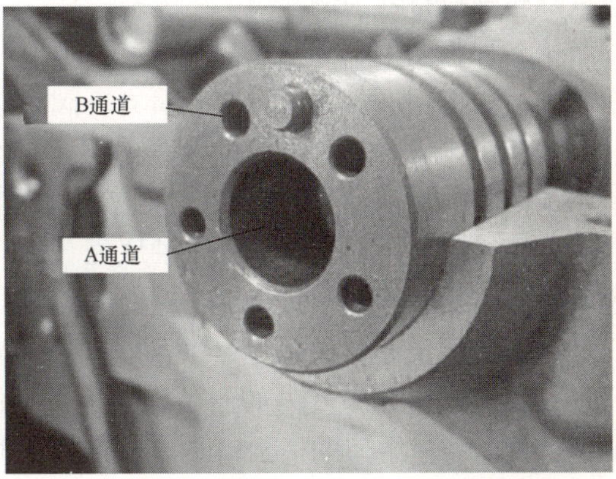

图 2-20 VVT 系统机油油路 4

电磁阀同时能使经过 VVT 系统机油油路 3 中的 A 通道或 B 通道与泄压口相通，这取决于电磁阀是否工作及具体工作状态。

4. L2B 发动机 VVT 电磁阀

（1）VVT 电磁阀的结构

VVT 电磁阀由两部分组成：一部分为带一个电磁线圈的电磁阀，电能由动力系统继电器供给，ECM 通过控制搭铁来使电磁阀动作；另一部分为一个液压滑阀。该液压滑阀共有四个机油通道。L2B 发动机电磁阀的进油孔在阀中间，为防止机油里的杂质进入阀芯导致阀芯卡滞，进油孔周围装有滤网。泄压口在阀的侧边，从 VVT 阀芯回来的油液最终回到油底壳。阀的进油口两侧有两个机油通道，一个为 A 通道，另一个为 B 通道。这两个通道口也装有滤网，如图 2-21 所示。

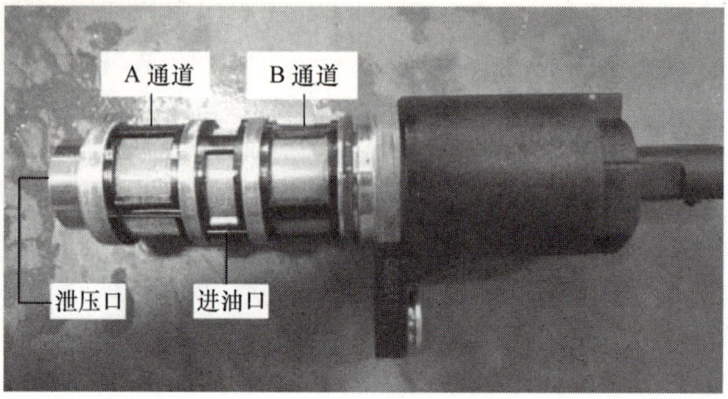

图 2-21　VVT 电磁阀的结构

（2）VVT 电磁阀的工作特性

滑阀共有三种工作状态，其状态受控于 ECM 控制的电磁阀的电流，电流的大小则以占空比的形式控制。

第一种状态是关闭状态。此时占空比为 0%，电磁阀的电流为 0A。滑阀在内部弹簧的作用下回到一侧。此时，来自主油道的机油通过中间的进油口进入阀芯，再通过 B 通道出去，经过一系列的油道进入 VVT 执行器的转子前油腔；转子后油腔的机油经过一些列油道通过 A 通道流入滑阀。阀芯因在关闭位置，A 通道同时与泄压口相通，机油流回发动机油底壳。这样，转子在前油腔升压、后油腔泄压的作用下，顺时针旋转，回到初始位置（以排气凸轮轴执行器为例）。

第二种状态是全开状态。此时占空比为 100%，电磁阀的电流最大，约为 0.8A。滑阀在电磁力的作用下，克服内部弹簧力，阀芯移动到另一侧。此时，来自主油道的机油通过中间的进油口进入阀芯，再通过 A 通道出去，经过一系列油道进入 VVT 执行器的转子后油腔；转子前油腔的机油经过一系列油道通过 B 通道流入滑阀内。阀芯因在打开位置，B 通道同时与泄压口相通，机油流回发动机油底壳。这样，转子在后油腔升压、前油腔泄压的作用下，逆时针旋转，凸轮轴相对于链轮提前（以排气凸轮轴执行器为例）。

第三种状态是半开状态。此时占空比为 50%，电磁阀的电流为全开时的一半，约为 0.4A。滑阀在电磁力及内部回位弹簧的共同作用下，阀芯移动到中间位置。此时，来自主油道的机油通过中间的进油口进入阀芯。因阀芯在中间位置，进油口不再与 A 通道和 B 通道相通，泄压口也不再与 A 通道和 B 通道相通。此时，执行器转子前、后油腔因不再与主油道和泄压口相通，其内的机油被暂时封存，所以转子与链轮保持在一个相对静止的状态。

5. 凸轮轴位置传感器（VVT 系统的角度反馈）

L2B 发动机共装有两个凸轮轴位置传感器（图 2-22），均为霍尔式。该传感器除用于判断哪个气缸处于压缩上止点外，还向 ECM 反馈 VVT 系统的实际改变角度。ECM 依据此信号可修正、监测 VVT 系统的工作性能和状态。

6. VVT 系统的工作特性

发动机在不同的工况、转速下，VVT 执行器的工作特性也会相应变化。在小负荷、全转速下，包括怠速，追求的是稳定性；在中等负荷、全转速范围内，追求的是减少氮氧化物等有害气体的排放；在大负荷、高转速下，追求的是大转矩输出。

（1）全转速、小负荷（图 2-23）

在全转速下，因负荷较小，进入燃烧室的混合气本来就不多。进气门晚开，排气门早闭，目的是使废气排出更彻底，留下较纯净的混合气，从而使混合气燃烧更充分，提高发动机的燃油经济性，减少有害气体 HC 的排放。

图 2-22 凸轮轴位置传感器

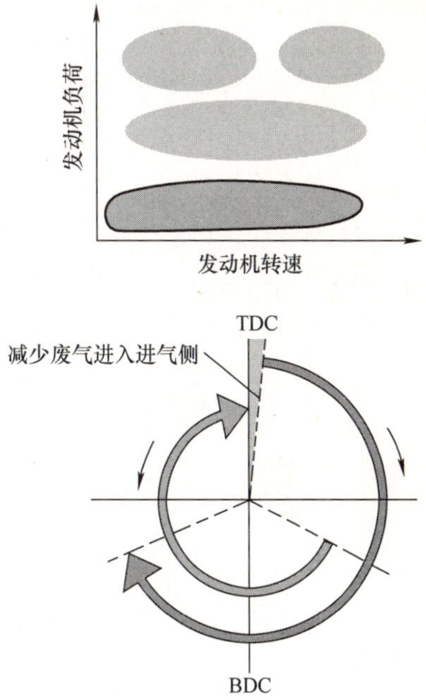

图 2-23 全转速、小负荷

（2）全转速、中等载荷（图 2-24）

在全转速范围内，因负荷相对中等，最大充气效率并非追求目标，降低有害气体排放是首要目标。车辆大部分时间处于中等负荷状态，因混合气的燃烧速率较高，燃烧室的温度较高，容易产生大量的氮氧化物。可利用废气再循环来减少氮氧化物的排放量。此时，进气门提前打开，残余废气就会进入进气歧管，待活塞下行进入进气行程时，废气与新鲜混合气同时被吸入燃烧室，二次参与燃烧，使燃烧更充分。排气门晚闭则是为了滞留更多的废气。

（3）中低转速、大负荷（图 2-25）

因负荷较大，所以此时追求的是多进气，输出大转矩，牺牲排放性。发动机在中低转速工况时，进气门打开、关闭的时间相对充足。进气门提前关闭（早闭也就意味着早开，但从利用价值来讲，早闭比早开更好），可防止刚进来的混合气被再次挤出去，从而提高充气效率，增大输出转矩。排气门延迟打开，可充分利用排气行程末段的燃烧压力，提升做功行程的利

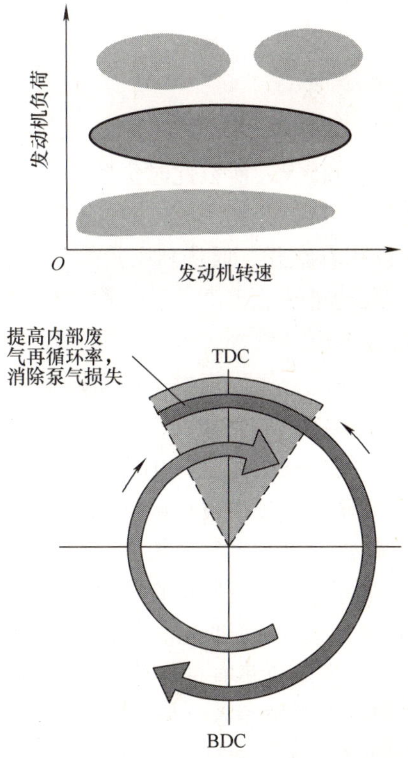

图 2-24 全转速、中等负荷

用率，从而增大输出转矩。

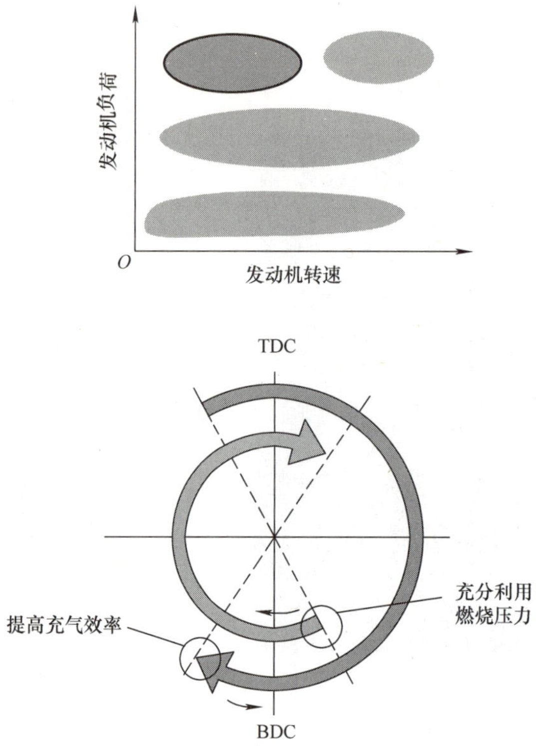

图 2-25　中低转速、大负荷

（4）高转速、高负荷（图 2-26）

因负荷较大，所以此时仍然追求的是多进气，输出大转矩，牺牲排放性。发动机转速越高，进气门从打开到关闭的时间就越短，这可能导致充气效率降低。此时，进气门延迟关闭（晚闭意味着晚开，但从利用价值来讲，晚闭比晚开更好），可利用气波增压作用提高充气效率。发动机转速越高，进气惯性越大。进气门晚闭，即便此时活塞已经上行，由于其上方的气体压力上升较慢，来自上方的惯性气体压力较大，仍不会导致刚进来的混合气被挤出，反而能提高混合气进气量，进而输出大转矩。排气门提前打开，在排气行程减少泵气损失，以提高输出功率。发动机的进气量越大，燃烧产生的废气就越多，排气的阻力也越大，进而消耗更多的发动机能量。在活塞到达下止点前打开排气门，利用做功行程末段的残余压力来加快排气速度，减少发动机排气消耗的能量，最终增大输出转距。

有些发动机的排气系统也采用了可变正时技术，只要排气门打开和关闭的时机控制得当，同样可使部分废气留在燃烧室内，无需配装单独的废气再循环系统，如图 2-27 所示。例如 L2B 1. 5L 发动机的进气和排气系统就均配装 VVT 系统，因此没有废气再循环系统，而 LMH 1. 2L 发动机只有进气系统配装 VVT 系统，因此还装有废气再循环系统。

7. VVT 系统故障分析

VVT 系统的故障码分三类。

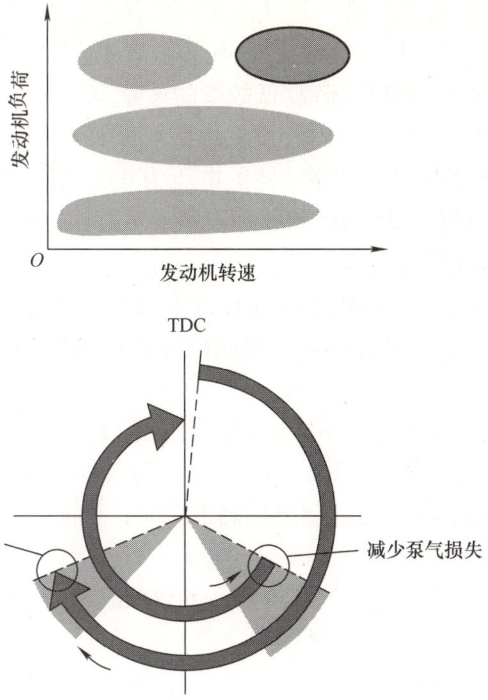

图 2-26 高转速、高负荷

1）VVT 电磁阀控制线路电压高、电压低的故障码

① DTC P0026——进气凸轮轴位置执行器电磁阀控制电路。

② DTC P0027——排气凸轮轴位置执行器电磁阀控制电路。

③ DTC P0076——进气凸轮轴位置执行器电磁阀控制电路电压过低。

④ DTC P0077——进气凸轮轴位置执行器电磁阀控制电路电压过高。

⑤ DTC P0079——排气凸轮轴位置执行器电磁阀控制电路电压过低。

⑥ DTC P0080——排气凸轮轴位置执行器电磁阀控制电路电压过高。

图 2-27 采用可变正时技术的排气系统

2）ECM 控制电磁阀工作时不能达到目标位置的故障码

① DTC P0011——进气凸轮轴位置系统性能。

② DTC P0012——进气凸轮轴位置（CMP）系统性能 - 延迟。

③ DTC P0014——排气凸轮轴位置系统性能。

④ DTC P0015——排气凸轮轴位置（CMP）系统性能 - 延迟。

3）ECM 控制电磁阀不工作时正时位置不合理的故障码

① DTC P0016——曲轴位置 - 进气凸轮轴位置不合理。

② DTC P0017——曲轴位置 - 排气凸轮轴位置不合理。

8. VVT 电磁阀控制线路电压高/低故障的诊断

查询维修手册中的运行故障码及设置故障码条件可知，电压过低故障码的监测原理为 ECM 没有控制电磁阀工作时，控制线路的电压为 0V。而正常情况下，其电压应接近蓄电池电压。报此故障码的可能原因为控制线路开路或对搭铁短路、电磁阀线圈开路、电磁阀电源线开路或控制线路对搭铁短路。

电压过高故障码的监测原理为 ECM 控制电磁阀工作时，控制线路的电压接近蓄电池电压。而正常情况下，其电压应为 0V。报此故障的原因有两个：一是控制线路对电源短路，二是 ECM 内部故障。

9. ECM 控制电磁阀工作时不能达到目标位置故障的诊断

查询维修手册中的运行故障码及设置故障码条件可知，故障码 P0011、P0012、P0014 和 P0015 的设置条件是 ECM 在控制电磁阀工作时，检测到期望的凸轮轴位置角度和实际的凸轮轴位置角度之差大于 5°。

1）依据 VVT 的工作结构、原理得知，导致该故障的可能原因如下：

① 系统机油压力过低。

② 电磁阀阀芯滤网堵塞。

③ 电磁阀阀芯卡滞。

④ 进排气执行器装反。

⑤ 凸轮轴位置传感器信号齿异常。

⑥ 到执行器所经过的油路出现泄压或堵塞情况。

⑦ 正时错乱。

⑧ 执行器卡滞。

2）出现众多故障现象时，按照先易后难、从外到内的原则，诊断流程如下：

① 检查机油油位是否过低，机油黏度是否合适，机油是否脏污严重。

② 检查电磁阀阀芯滤网是否堵塞。拆卸电磁阀观察其外表是否有异物堵塞，如有异物可通过清洗的方法解决。

③ 检查电磁阀阀芯是否卡滞。小心取下电磁阀上的滤网，向电磁阀供电，观察阀芯是否卡滞。如存在卡滞则更换电磁阀总成。L2B 发动机的进、排气电磁阀可以互换，因此可以采用互换电磁阀的方式判断是否卡滞。

④ 检查进、排气执行器是否装反。拆卸正时盖，检查执行器上的进、排气标记。

⑤ 检查凸轮轴位置传感器信号齿是否异常。先检测信号齿的完整性，再检测信号齿与凸轮轴之间的相对位置是否发生变化。L2B 发动机的凸轮轴与传感器信号齿为一体，不会出现这种故障，而 2HO 发动机的信号齿采用过盈配合方式固定在凸轮轴上，因此维修时可能导致其位置发生变化。

⑥ 检查系统机油压力是否过低。按照维修手册的指导要求测量发动机的机油压力。如果机油压力低于技术标准值，则可能的故障原因有机油泵滤清器堵塞、机油泵磨损严重，以及主轴承、连杆轴承间隙过大等，需进一步拆解发动机进行检查。

⑦ 检查到执行器的 VVT 油路是否出现泄压或堵塞情况。对于 L2B 发动机，可将机油压

力表连接到电磁阀旁边的机油油路上，通过测量机油压力来判断 VVT 油路是否泄压或堵塞。如果油压过低，则需检查气门室罩盖螺栓拧紧力矩是否合适、气门室罩盖与凸轮轴瓦盖的密封圈是否损坏、第一道凸轮轴瓦盖是否磨损、气缸盖及缸垫油孔是否通畅等。

⑧ 检查正时是否错乱。拆卸正时盖，观察正时位置是否异常。如有异常，则检查是安装错误所致还是链条跳齿所致。如果为跳齿所致，则继续检查链条张紧器是否疲劳，如有异常则更换张紧器。检查链条导轨是否磨损过度，如有异常则更换导轨。

⑨ 检查执行器是否卡滞。执行器不能拆解维修，因此排除其他故障因素后，可尝试通过更换执行器总成来判断。

10. ECM 控制电磁阀不工作时正时位置不合理故障的诊断

查询维修手册中的运行故障码及设置故障码条件可知，故障码 P0016、P0017 的设置条件是 ECM 在没有控制电磁阀工作时，检测到凸轮轴与曲轴位移偏差量大于13°或小于－13°。

依据 VVT 系统的工作原理可知，导致该故障的可能原因如下：

① 电磁阀阀芯卡滞在通电工作位置。

② 进、排气执行器装反。

③ 执行器回位弹簧异常。

④ 凸轮轴位置传感器信号齿异常。

⑤ 正时错乱。

⑥ 执行器卡滞在接近最大工作角的位置。

故障诊断流程如图 2-28 所示。

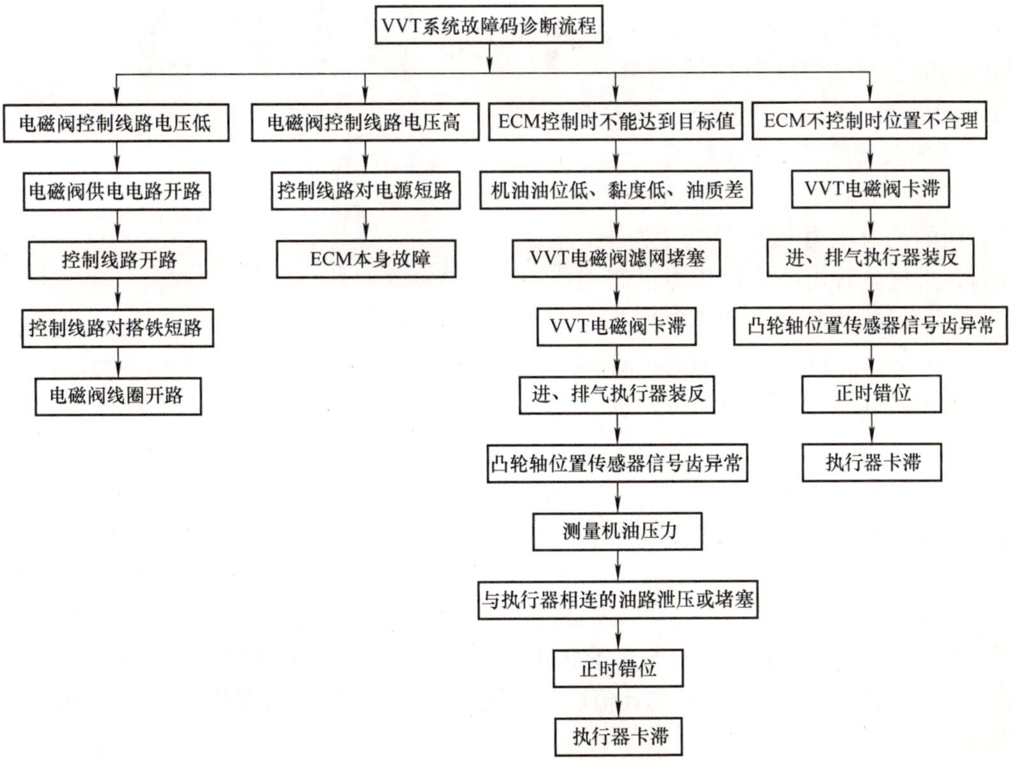

图 2-28 VVT 系统故障码诊断流程

第三节　进 气 计 量

在不同工况下，汽油发动机需要不同空燃比的可燃混合气。为获得较理想的空燃比，需要对吸入发动机的空气进行精确计量，ECM 则根据测得的进气量和目标空燃比来计算所需的喷油量。

目前，汽油发动机进气计量的方式主要有两种：质量流量式和速度密度式。前者采用空气流量传感器（MAF）作为进气计量的主要部件，后者采用进气歧管绝对压力传感器（MAP）作为进气计量的主要部件。目前，五菱汽车均采用速度密度式进气计量方式，即利用进气压力传感器作为进气计量的主要部件。

一、起动时的进气计量特点

发动机起动过程中，进入发动机的空气流量由怠速阀或电子节气门控制。

起动工况下的进气量由 ECM 根据电子节气门的开度、大气压力及发动机转速进行粗略计量。起动时进气歧管的真空度变化幅度过大，MAP 无法准确计量进气量，因此 ECM 计量进气流量不采用 MAP 信号。

二、起动后的进气计量特点

为精确计量进气量，除进气压力外，ECM 还要参考其他相关传感器的信号，包括发动机转速、充气效率、冷却液温度、进气温度和 EGR 流量，如图 2-29 所示。

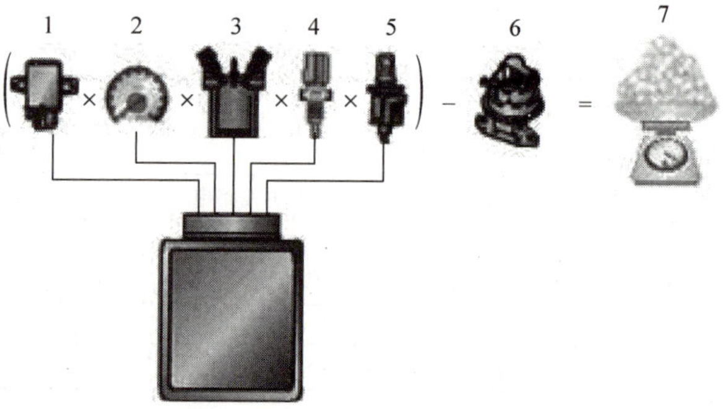

图 2-29　速度密度式进气计量原理
1—进气压力　2—发动机转速　3—充气效率　4—冷却液温度
5—进气温度　6—EGR 流量　7—进气流量

1. 进气歧管绝对压力传感器

进气歧管绝对压力传感器测量进气歧管内的绝对压力。当节气门完全关闭时，进气歧管内的绝对压力很低（真空度很高），进气流量很小；当节气门完全打开时，进气歧管内的绝对压力接近大气压（真空度很低），进气流量很大。

2. 发动机转速传感器

单位时间内的发动机转速越高，进气量越大。

3. 充气效率

充气效率根据发动机标定数据、发动机转速、大气压力等计算得出。充气效率指每一个进气行程发动机吸入的空气质量与标准状态下（1atm、20℃、密度为 1.187kg/m^2）占有气缸活塞行程容积的干燥空气质量的比值。大气压力高、温度低、密度高时，发动机的充气效率高。

在进气阻力及气缸内的高温作用下，吸入气缸的空气体积换算成标准大气压下的状态时一定小于气缸的容积，因此自然吸气发动机的充气效率一定小于1。

4. 大气压力传感器

不同大气压力下，空气密度不同，因此ECM需要获得当前大气压力值。

点火开关打开、发动机未起动时，ECM记录下MAP读数作为大气压力值；节气门全开时，ECM利用当时的MAP读数修正大气压力值。

5. 进气温度

进气温度升高时，进气密度降低；进气温度降低时，进气密度升高。

6. EGR流量

EGR系统把燃烧后的废气从排气管引入进气歧管，这些废气不参加燃烧，但会影响进气歧管内的压力。因此，当EGR阀打开时，ECM同时通过MAP的检测信号波动来判断进入进气歧管的废气量。ECM在计算总进气量时必须扣除这部分废气的量，这样控制的空燃比才是合适的，否则可能导致混合气过浓。

注意：对于速度密度式进气计量系统，节气门后方泄漏新鲜空气对发动机的空燃比几乎没有影响。因为泄漏的新鲜空气会被MAP及时监测到，ECM会依据所计量的空气质量进行喷油，不会导致空燃比异常。但是节气门后方漏气可能导致发动机转速升高或保持不变，这取决于漏气量的大小。

第四节　燃油供给和燃油喷射控制

为获得空燃比合适的可燃混合气，ECM一方面要对进气量进行计量，另一方面还要对喷油量进行计算。

一、燃油供给

燃油供给系统的主要任务是为喷油器提供一定压力的燃油。

目前，五菱汽车均采用单管路无回油供油方式。相较双管路有回油供油系统，单管路无回油供油系统取消了从燃油轨到燃油箱的回油管，不会有大量在发动机舱内被加热的燃油流回燃油箱，因此燃油箱内的燃油温度不高，不会大量形成燃油蒸气，减轻了EVAP系统的压力。单管路无回油供油系统的主要部件包括燃油泵、机械式压力调节器、燃油滤清器（低压）和管路，如图2-30所示。

机械式压力调节器的作用是保持管路内油压的稳定，它是一个单纯的机械阀。油压过高时，该阀打开泄压；油压过低时，该阀关闭。这样，管路中的油压始终保持在380kPa左右。

油压过高或过低会造成单位时间内的喷油量过多或过少，造成混合气过浓或过稀，发动机工作不良。

二、燃油喷射

目前，汽油发动机的燃油喷射方式主要有两种：缸外喷射（气缸外）和缸内直喷（气缸内）。目前五菱汽车均采用缸外喷射方式。ECM控制喷油器将燃油喷在进气门后方，燃油和空气混合在该位置形成可燃混合气。

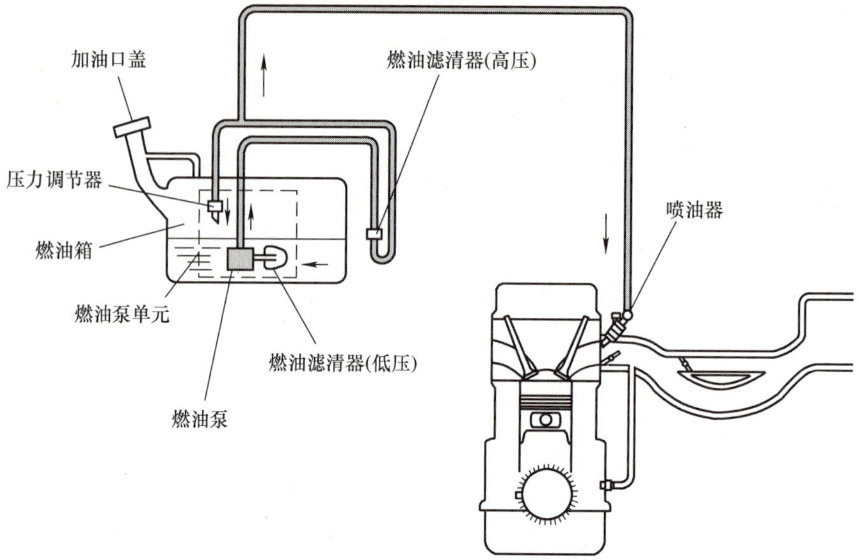

图 2-30　燃油供给系统图

1. 喷油正时

喷油正时即喷油器何时喷油。ECM 控制喷油正时的两个信号分别是曲轴位置和凸轮轴位置，这两个信号主要通过曲轴位置传感器和凸轮轴位置传感器来测定。如图 2-31 所示，ECM 通过曲轴位置信号和凸轮轴位置信号来确定合适的喷油时刻，从示波器图形来分析，喷油器的喷油时刻应在排气行程末段。

2. 喷油方式

燃油的喷射方式分为同步喷射（图 2-32）和顺序喷射（图 2-33）。

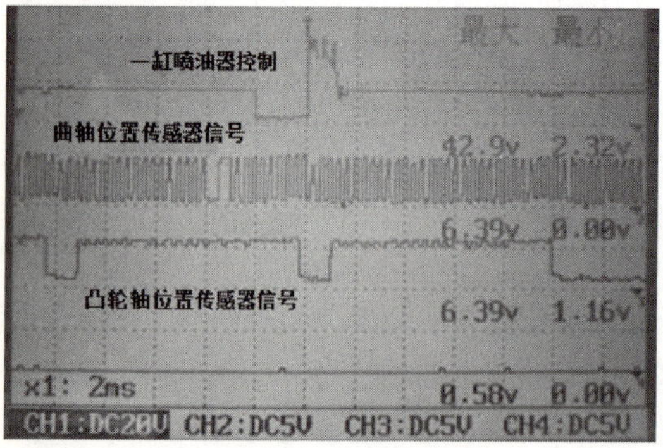

图 2-31　喷油正时

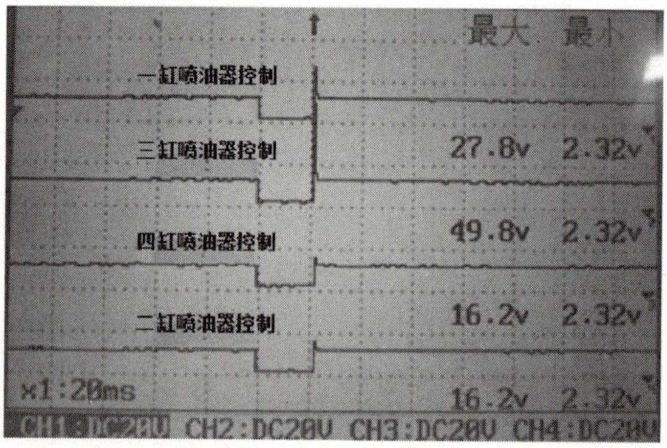

图 2-32　同步喷射

针对某些车型，在 ECM 无法识别气缸行程或某些特殊工况下，ECM 无法按照气缸的工作顺序进行顺序喷射，只能根据曲轴位置传感器的信号同步喷射。在起动工况下，通过示波器看到四个气缸的喷油器控制波形完全重合，属同步喷射。

有些车型不存在同步喷施，而是把需要增加的喷油量叠加到正常的喷油脉宽中。

能够通过判缸信号识别气缸行程后，ECM 按照气缸的工作顺序进行顺序喷射。

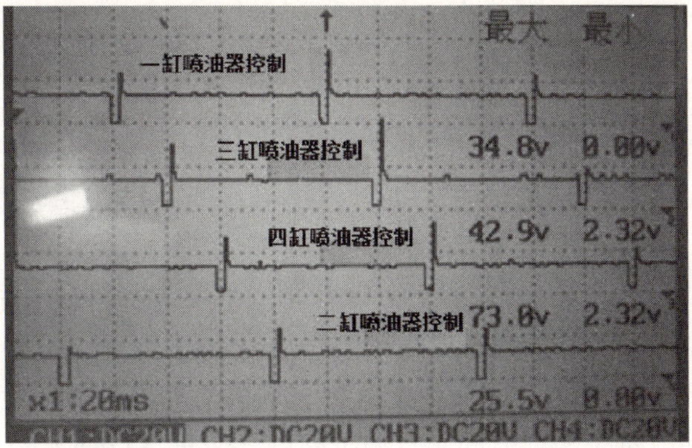

图 2-33 顺序喷射

3. 喷油脉宽（图 2-34）

喷油脉宽指 ECM 控制喷油器工作的时间。喷油脉宽越大，喷油量越多。

ECM 指令燃油泵加压燃油，并通过喷油器精确控制喷油量。喷油时间是 ECM 根据传感器输入信号确定的。如果需减少喷入进气歧管的燃油量，则要缩短喷油器工作的时间，即减小喷油脉冲宽度。ECM 先计算一个基本喷油脉冲宽度，然后根据当前的其他参数对其进行修正。

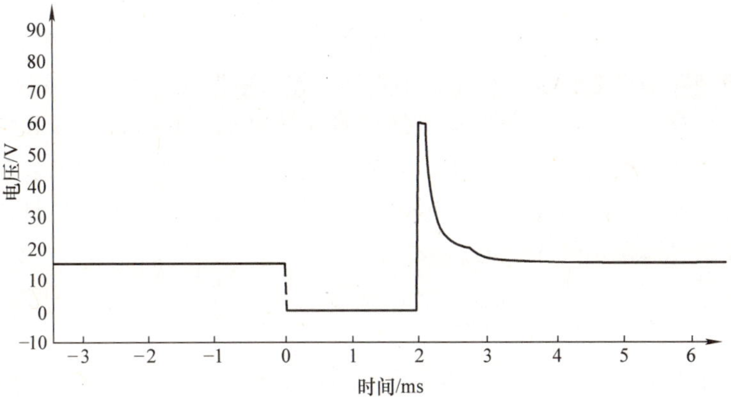

图 2-34 喷油脉宽

4. 起动喷油脉宽的确定

ECM 通过发动机转速传感器来识别发动机是否处于起动工况。一般情况下，发动机转速低于 400r/min 时，ECM 便认为其处于起动工况。随后，ECM 结合冷却液温度传感器信号，确定合适的目标空燃比。发动机起动时的喷油脉宽一般较大，特别是冷车时，由于燃油雾化不好，需要加大喷油量。

起动喷油脉宽的控制特点如下：

① ECM 计算喷油脉宽的主要参考因素为发动机冷却液温度。

② MAP 信号不起作用。

③ 氧传感器信号不起作用（开环控制）。

④ 混合气空燃比通常小于 14.7:1（浓混合气）。

⑤ 为容易起动，特别是冷起动，各喷油器同时喷油一次（非顺序喷油），起动预喷只在正常起动过程中执行一次。

⑥ 再起动时的喷油量要比第一次起动少 25% ~30% 。

⑦ 起动后的过程中暖机，由于发动机转速提高，需要增加供油量，起动后要加浓混合气。

⑧ 氧传感器达到正常工作温度，并开始反馈信号后，发动机进入闭环工作模式。

5. 起动后喷油脉宽的确定

喷油总时间 = 基本喷油时间 × 补偿系数 + 蓄电池电压补偿时间

1）基本喷油时间：基本喷油时间是根据实际进气质量及目标空燃比计算得出的，再乘以喷油器的系数就可得出基本喷油时间。喷油器系数取决于喷油器的类型。喷油器孔径的大小及数目决定了其标定系数。

2）补偿系数：包括预热、加速和减速等工况的补偿系数，以及氧传感器反馈的空燃比反馈系数。

3）蓄电池电压补偿：根据蓄电池的电压确定，电压低则脉冲宽度大。

第五节　燃 油 修 正

发动机进气和燃油系统利用氧传感器对排气进行监测，判断混合气的空燃比，向 ECM 反馈混合气的浓稀状况，从而实现进气和燃油系统的闭环控制，这就是 ECM 的自学习功能。

即使全新的同型发动机之间也会存在微小差异，如果根据固定不变的参数对发动机进行控制，则空燃比必然存在偏差。随着发动机使用时间的延长，其机械结构和性能会发生变化，例如燃油压力降低、燃烧室积碳增多导致燃烧室变小等，这些因素也会导致空燃比异常。ECM 检测到空燃比存在误差时，会主动对喷油量进行调整，该调整值即学习值。ECM 对燃油喷射量的控制过程就是燃油修正。

一、氧传感器的加热控制和监测

ECM 主要利用氧传感器信号进行燃油修正控制，下面主要介绍氧传感器的加热控制及 OBD 系统对氧传感器的监测原理。

1. 氧传感器加热控制

氧传感器的传感陶瓷管温度达到 300℃以上时，才具有固态电解质特性，即不同浓度的氧分子才能通过电解质形成电信号。如果只依靠排气管中的废气余热加热氧传感器，则其达到正常工作温度的时间较长，因此氧传感器同时配有加热器进行快速加热，例如 HO2S 加热器组件可将氧传感器加热至 800℃。

ECM 通过控制加热器占空比的方式来对氧传感器温度进行控制。打开点火开关至 ON 位时，ECM 不对氧传感器进行加热，如图 2-35 所示。着车后约 10s 内，ECM 以小占空比控制加热器，如图 2-36 所示。着车 10s 后，ECM 以约 75% 的占空比控制加热器，如图 2-37 所示。

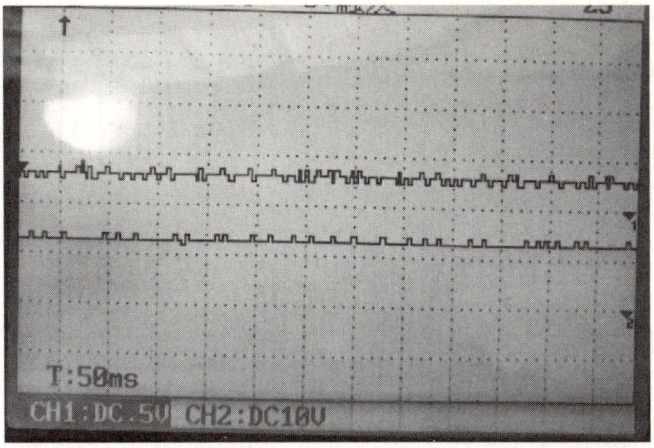

图 2-35 氧传感器加热器占空比控制（打开点火开关）

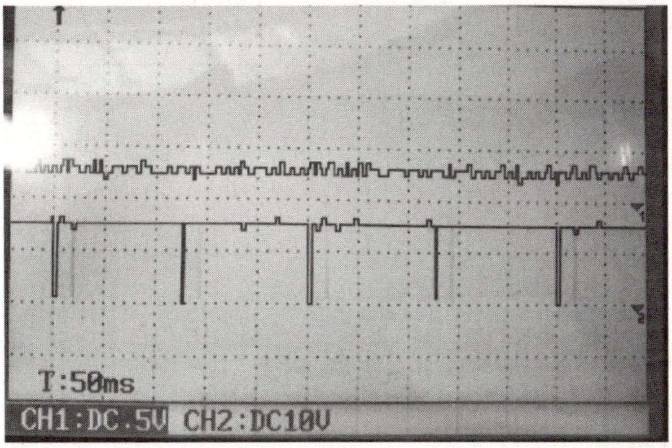

图 2-36 氧传感器加热器占空比控制（起动后大约 10s 内）

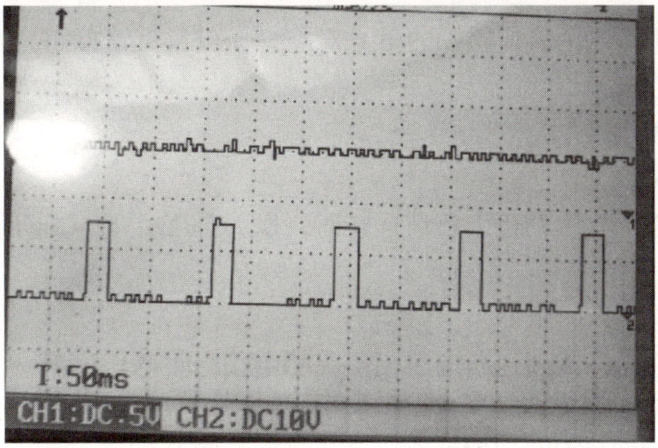

图 2-37 氧传感器加热器占空比控制（起动 10s 后）

2. 氧传感器的监测

ECM 必须对氧传感器的工作性能进行有效监测，OBD 系统才能对氧传感器的性能进行全面有效的评估。

氧传感器劣化诊断仅针对上游氧传感器。氧传感器中毒或性能劣化后，输出电压信号会变得缓慢。当劣化的氧传感器造成排放超过 OBD 限值时，ECM 会点亮警告灯并记录故障码。

OBD 系统对氧传感器的诊断方法是对其输出波形进行监测，监测参数包括：氧传感器的输出电压在300~600mV之间的平均时间；一定时间内氧传感器输出电压信号在浓稀之间的转换次数。如果平均时间过长或转换次数过少，则氧传感器已经劣化，如图2-38所示。

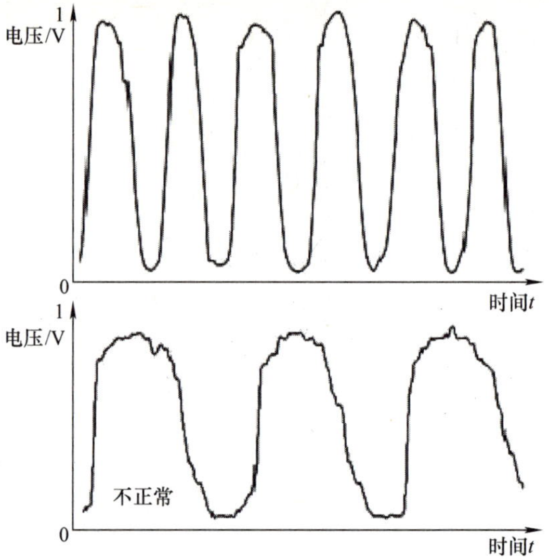

图2-38　正常和不正常的氧传感器信号对比

二、短期燃油修正和长期燃油修正

ECM的燃油修正功能分为短期燃油修正和长期燃油修正两项。ECM的工作状态也分为两种，即开环和闭环。在开环状态下，燃油修正功能被暂时关闭。

1. 空燃比的开环和闭环控制

（1）闭环控制

闭环控制指ECM使用氧传感器的信号对空燃比进行反馈控制，氧传感器的电压信号用作反馈信号。

闭环控制模式的工作条件：

1）发动机的冷却液温度高于设定温度。

2）氧传感器处于正常工作温度，即300℃左右。氧传感器工作温度较低时，系统处于开环工作状态。

3）电控系统没有故障。

（2）开环控制

开环控制指ECM不使用氧传感器的信号对空燃比进行反馈控制。

ECM处于开环工作模式的情况：

1）氧传感器未预热时。

2）发动机起动时。

3）发动机高转速时。发动机大负荷运转时，ECM加浓混合气以求更大的功率输出，这时氧传感器信号会被忽略。

4）发动机冷却液温度过低时。

5）断油时。减速断油或超速断油时，氧传感器信号不起作用。

6）电控系统出现特定故障时。

2. 短期燃油修正和长期燃油修正

短期/长期燃油修正是ECM内部对喷油量的调整，目的是使空燃比在理论空燃比附近变化。

（1）短期燃油修正

短期燃油修正用于修正喷油脉宽，短期燃油修正系数根据氧传感器信号确定。

氧传感器信号显示混合气过浓时，ECM会持续减小短期燃油修正系数以减少喷油量，直到氧传感器信号显示混合气稀为止；氧传感器信号显示混合气稀时，ECM会持续加大短期燃油修正系数以增加喷油量，直到氧传感器信号显示混合气浓。控制过程如此往复循环，最终将空燃比控制在理论空燃比附近。

（2）长期燃油修正

长期燃油修正又称自适应控制或自学习功能，根据短期燃油修正值确定。

如果短期燃油修正系数在一段时间内稳定保持为正数或负数，则 ECM 判定喷油量出现偏差，会调整基本喷油时间。在基本喷油时间基础上增加或减少的喷油时间就是长期燃油调整值，如图 2-39 所示。

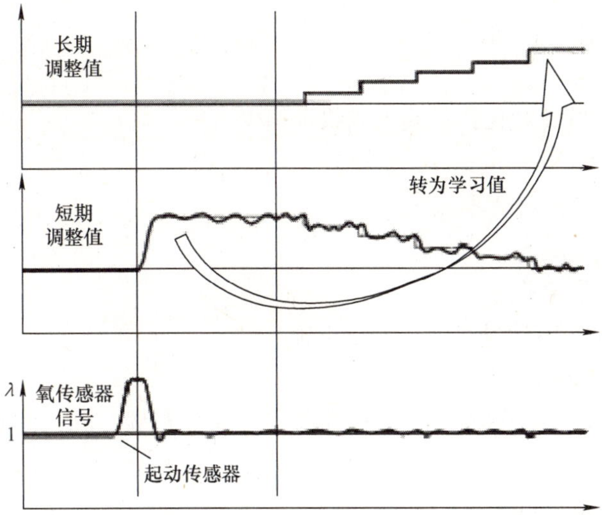

图 2-39 燃油修正原理

燃油修正值达调整极限时（调整极限值一般为 ±25% ~ ±50%，不同车型、不同电控系统的数据可能有差别），ECM 会主动放弃调整，同时记录一个混合气过浓或过稀的故障码，点亮警告灯，提示驾驶人车辆存在故障，需要尽快维修。例如故障码 P0171、P2177 代表混合气过稀，故障码 P0172、P2178 代表混合气过浓。

可以利用诊断仪（WDS）的数据流功能观察燃油修正数据，该数据在诊断仪上显示为百分数或数值：

1）“0”表示喷油量不需要修正，ECM 按照标定的喷油量控制喷油。

2）正数表示混合气稀，需要增加喷油量。

3）负数表示混合气浓，需要减少喷油量。

长期燃油修正值会写入 ECM 的内存，即使点火开关关闭后数据也不会丢失，而短期燃油修正值不会写入 ECM 的内存，因此每次关闭点火开关后就不存在了。

短期和长期燃油修正值会因发动机的制造精度、使用磨损等情况产生一定的正常偏差。因此正常情况下，燃油修正数据应在 0% 左右，有时会有一些小变化。但是如果燃油修正值偏差过大，则说明发动机存在故障，需进行维修。

三、空燃比控制系统故障诊断

空燃比控制系统的故障主要表现在两个方面：混合气过浓或混合气过稀。可根据故障码及诊断仪的数据流功能对空燃比控制系统进行诊断。氧传感器和燃油修正数据对检测空燃比控制系统的故障至关重要，例如氧传感器电压是否在 0 ~ 1V 之间正常变动，变动频率是否正常。

1. ECM 报氧传感器信号电压过低故障码

(1) 混合气真稀

可通过向进气歧管喷化学清洗剂的方式来模拟混合气变浓的情况。如果此时氧传感器信号电压立即升高至接近 1V，则说明氧传感器性能良好，混合气真稀。导致混合气真稀的原因如下：

1) 进气计量正确但燃油量少。

① 喷油器堵塞。

② 喷油器类型不当（针孔孔径偏小或数量偏少）。

③ 燃油压力过低。

④ 汽油品质差导致的燃烧不完全。

⑤ 节气门信号偏差过大。

⑥ 冷却液温度信号偏差过大。

2) 进气计量值比实际计量小但燃油量正确。

① 发动机转速信号偏差过大。

② 整体充气效率较低，例如进气歧管或进气门头部积碳、气门间隙过小、进气歧管内有异物等。

③ 进气温度信号偏差过大。

④ 冷却液温度信号偏差过大。

3) 空燃比合适，但没有燃烧或未完全燃烧导致排气管中氧分子偏多。

① 火花塞点火不良（点火线圈供电线路、点火线圈自身、高压线自身或火花塞自身故障）。

② 点火时刻不当。

③ EGR 阀意外卡滞漏气（严重漏气导致异常燃烧）。

④ 排气堵塞（三元催化转化器堵塞或消声器严重堵塞导致异常燃烧）。

4) 空燃比合适，从排气管外侧进入新鲜空气导致排气管中氧分子偏多的具体原因是前氧传感器上方的排气歧管漏气。

(2) 混合气假稀

如果向进气歧管喷化学清洗剂后氧传感器信号依然接近于 0V，则说明混合气假稀。导致混合气假稀的原因包括氧传感器自身故障、氧传感器信号线对搭铁短路及 ECM 自身故障。

2. ECM 报氧传感器信号电压过高故障码

(1) 混合气真浓

可通过断缸法，例如断开喷油器插头或点火线圈插头，使进入气缸的混合气不被点燃并直接排出，来模拟混合气变稀的情况。如果此时氧传感器信号电压立即降至接近 0V，则说明氧传感器性能良好，混合气真浓。

导致混合气真浓的原因如下：

1) 进气计量正确，燃油量多。

① 喷油器滴漏或卡滞在打开位置。

② 喷油器类型不当（针孔孔径偏大或数量偏多）。

③ 燃油压力过高。

④ 冷却液温度信号偏差过大。

⑤ 节气门信号偏差过大。

⑥ EVAP 电磁阀卡滞在打开位置（炭罐汽油蒸气过浓）。

⑦ 喷油器控制线路对搭铁短路。

2）进气计量值比实际计量大，燃油量正确。

① MAP 信号偏差过大。

② 发动机转速信号偏差过大。

③ 某一个气缸充气效率（如进气歧管堵塞）。

④ EGR 阀意外卡滞漏气（轻微漏气不影响燃烧）。

⑤ 排气歧管堵塞（三元催化转化器或消声器轻微堵塞不影响燃烧）。

⑥ 进气温度信号偏差过大。

⑦ 冷却液温度信号偏差过大。

（2）混合气假浓

如果断缸后氧传感器信号电压依然保持在 1V 左右，则说明混合气假浓。导致混合气假浓的原因包括氧传感器自身故障、氧传感器信号线对电源短路及 ECM 自身故障。

3. ECM 报混合气过稀或过浓故障码

发动机管理系统监测短期和长期燃油修正值，如果燃油修正值低于或高于其极限值达到一定时间，则排放系统警告灯点亮。燃油调节诊断系统将短期和长期燃油修正值与混合气过浓和过稀阈值进行比较。如果两值都在阈值范围内，则记录诊断通过。如果两值超出相应阈值，则记录混合气过浓或过稀故障码。注意，在实际维修中，发现怠速时的燃油修正值在正常范围内，则应增加负荷路试来观察长期燃油修正值，以判断故障是否真实存在。

应重点关注长期燃油修正值，其值理想状态为少于 ±20%，以 0 为最佳。如果大于 ±20% 则可能是发动机出现较严重故障，例如喷油器严重堵塞等。如果长期燃油修正值大于限值并维持一定时间，则 ECM 会认为有故障，并记录一个混合气过浓或混合气过稀的故障码，即 P0171 或 P0172。

由于长期燃油修正值是基于前氧传感器信号变化的，当混合气有过浓或过稀的趋势时，ECM 可通过燃油修正值进行修正。如果增量/减量在 ECM 的允许修正范围之内，则经过修正后的混合气就是接近理想空燃比的混合气，此时氧传感器信号电压依然在 0.1～0.9V 之间变动。如果增量/减量超过 ECM 的修正范围，并维持一定时间，则 ECM 停止修正并报出混合气过稀或过浓的故障码。

ECM 停止修正后，混合气会出现极度过浓或过稀的现象，前氧传感器信号也会始终保持在 0.1V 左右或 0.7V 左右不变，ECM 则报出前氧传感器信号电压过高或过低的故障码。

因此，如果 ECM 报长期燃油修正值达到极限的故障码，则可按照氧传感器信号电压过低或过高的故障码的维修思路进行维修，具体诊断过程如图 2-40 和图 2-41 所示。

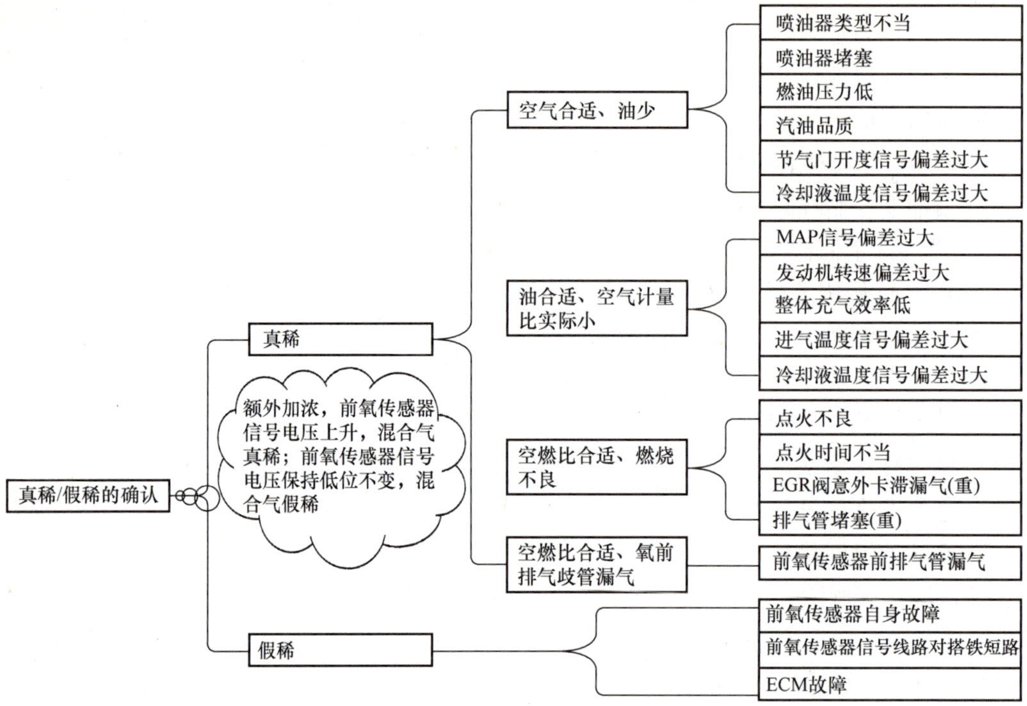

图 2-40　氧传感器信号电压过低或混合气过稀故障码的诊断流程

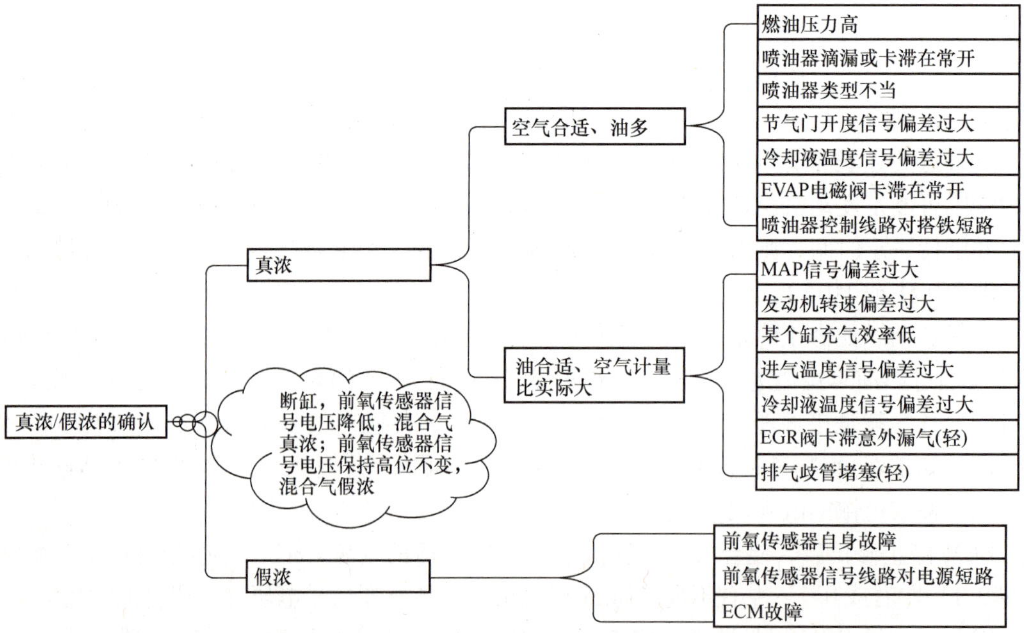

图 2-41　氧传感器信号电压过高或混合气过浓故障码的诊断流程

四、案例学习

故障现象：一辆五菱汽车，怠速不稳且加速无力。

1. 故障分析及处理

该案例告诉我们，燃油泵磨损、燃油泵滤网堵塞或燃油滤清器堵塞都会导致油压偏低。对于这类问题，可以从数据流上发现一些问题。首先是氧传感器信号电压偏低，其次是燃油修正值正方向偏大。

2. 总结

怀疑故障出在燃油系统。连接诊断仪，读取氧传感器数据流，发现氧传感器信号电压始终在0.3V左右波动，表明混合气偏稀。接油压表测得油压在260kPa左右，而正常油压应在380kPa左右，油压明显偏低。怀疑燃油滤清器堵塞造成油压低。更换燃油滤清器后，试车发现故障仍会重现。随即更换汽油泵总成，试车确认故障排除。

第六节 学习成果自检

填写以下表格，检验自己的学习成果。

序号	问题	自检结果
1	空燃比和过量空气系数分别指什么？	
2	空燃比大于14.7代表混合气偏浓还是偏稀？	
3	VVT执行器包括哪些部件？	
4	起动后ECM参考哪些信号来计算进气量？	
5	燃油喷射的方式有哪几种？	
6	起动后，ECM如何计算喷油脉宽？	
7	ECM如何对氧传感器进行监测？	
8	ECM在哪些工况下处于开环工作模式？	
9	氧传感器信号电压一直偏高或ECM报混合气过浓的故障原因有哪些？	
10	氧传感器信号电压一直偏低或ECM报混合气过稀的故障原因有哪些？	

第七节 章练习题

一、单项选择题

问题1	下列哪个数值是理论空燃比？（　　）	
	A	15
	B	14.7
	C	13
	D	9

问题 2	发动机起动时主要参考哪个传感器的信号来确定喷油脉宽？（　　）	
	A	进气压力传感器
	B	进气温度传感器
	C	节气门位置传感器
	D	冷却液温度传感器

问题 3	如果氧传感器信号电压一直偏高，则会导致下列哪种故障现象？（　　）	
	A	混合气偏浓
	B	混合气偏稀
	C	混合气空燃比正常
	D	燃油修正值正方向偏大

二、多项选择题

问题 1	发动机起动后，ECM 根据下列哪些信号计量进气量？（　　）	
	A	进气压力
	B	充气效率
	C	冷却液温度
	D	发动机转速

问题 2	下列哪些情况会导致燃油修正值正向偏大？（　　）	
	A	混合气偏浓
	B	混合气偏稀
	C	EGR 阀在发动机怠速时漏气
	D	冷却液温度传感器信号电压比正常值高

三、简答题

ECM 如何对氧传感器进行加热控制？

______

______

______

四、思考与讨论

1. 导致氧传感器信号电压一直偏高或 ECM 报混合气过浓故障码的故障原因有哪些？

______

______

______

2. 导致氧传感器信号电压一直偏低或 ECM 报混合气过稀故障码的故障原因有哪些？

______

______

______

第三章　点 火 系 统

● 学习要点：

1）点火系统的功能和组成。
2）点火系统的控制。
3）点火系统的故障诊断。

● 学习目标：

1）能够简述点火系统的功能和组成。
2）能够解释点火系统的控制特点。
3）能够对点火系统故障进行诊断。

第一节　点火系统的功能和组成

点火对汽油发动机的燃烧过程非常重要，点火系统的性能会直接影响发动机的动力性、燃油经济性及排放性等指标。

一、点火系统的功能和性能

点火系统的作用是在适当的时刻，用足够强的电火花点燃气缸内的混合气。

1. 点火系统的功能

点火系统的功能如下（图 3-1）：
1）产生足够高的电压击穿高压气体。
2）持续足够长的点火时间。
3）能够在合适的时刻点燃混合气。

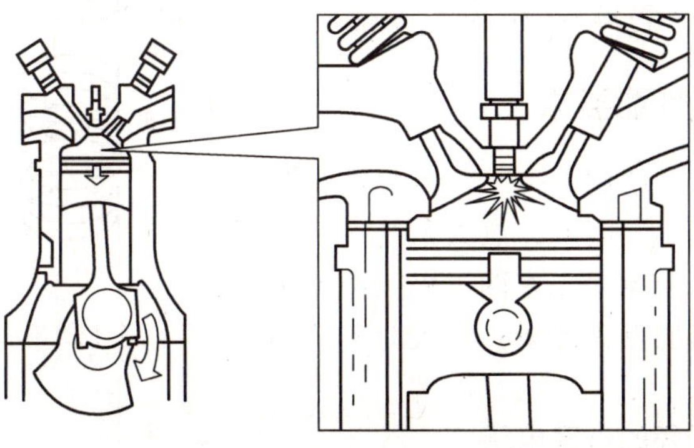

图 3-1　点火系统的功能

2. 点火系统的组成

目前，五菱汽车采用两种点火系统，即单缸独立点火系统和双缸同时点火系统，如图3-2所示。两种系统均包含如下组件：

1）产生高压电火花的点火线圈。

2）用于反馈点火提前角的爆燃传感器。

3）判断点火角度和点火正时的曲轴位置传感器及凸轮轴位置传感器。

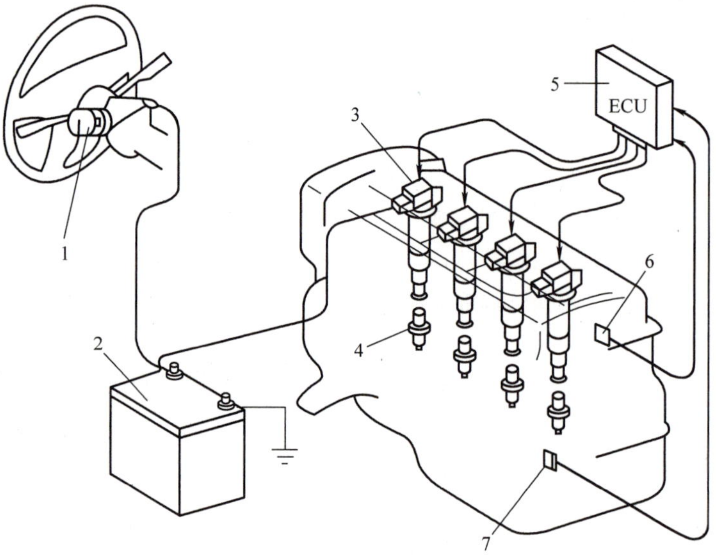

图3-2　点火系统组成

1—点火开关　2—蓄电池　3—带点火器的点火线圈　4—火花塞
5—发动机ECU　6—凸轮轴位置传感器　7—曲轴位置传感器

3. 点火系统的工作原理

各种点火系统的基本工作原理都是相似的：点火线圈分为初级绕组和次级绕组，如图3-3所示。ECM控制初级绕组的通断，初级绕组闭合后开始充电，初级绕组断开后，次级绕组会产生数万伏的高电压。数万伏的高电压击穿火花塞间隙时产生电火花，点燃气缸内的可燃混合气。

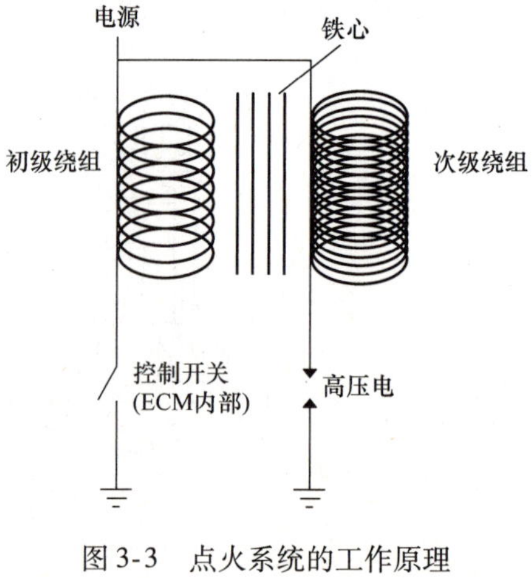

图3-3　点火系统的工作原理

二、点火系统的性能要求

发动机在各种工况和使用条件下，点火系统都应保证可靠而准确地点火。因此，点火系统应满足以下要求：能产生足以击穿火花塞两电极间隙的电压；电火花应具有足够的点火能量；点火时刻应与发动机的工况相适应。

1. 火花塞两电极间隙的击穿电压

击穿火花塞两电极之间的间隙并产生电火花所需要的电压，称为火花塞击穿电压。火花塞击穿电压的大小与电极之间的距离（火花塞间隙）、气缸内的压力和温度、电极的温度、发动机的工况等因素有关。

火花塞电极间隙越大，电极周围气体中的电子和离子间的距离越大，两者受电场力的作用就越小，因此不易发生碰撞电离，要求有更高的击穿电压才能点火。

气缸内的压力越大或温度越低，所要求的火花塞击穿电压越高。

电极的温度对火花塞击穿电压也有影响。电极的温度越高，包围在电极周围的气体的密度越小，越容易发生碰撞电离，所需的火花塞击穿电压小。实践证明，当火花塞的电极温度超过混合气温度时，击穿电压可降低30% ~50%，如图3-4所示。

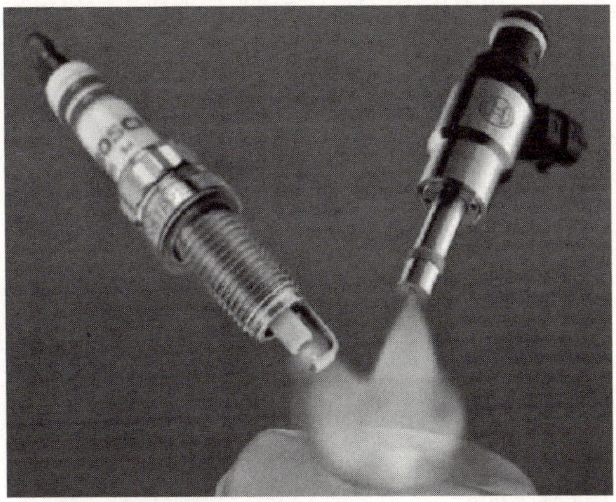

图3-4　火花塞点火

实验表明，发动机正常运转时，火花塞的击穿电压为7 ~8kV，而冷起动时可达19kV。为使发动机在各种工况下均能可靠点火，要求火花塞击穿电压在15 ~20kV之间。

2. 电火花的点火能量

为使混合气可靠点燃，火花塞产生的火花应具有一定的能量。发动机工作时，由于混合气压缩时的温度接近汽油自燃温度，因此所需的火花能量较小（1 ~5mJ）。传统点火系统的火花能量为15 ~50mJ，足以点燃混合气。

发动机起动、怠速及突然加速时需要较高的点火能量。为保证可靠点火，一般应保证50 ~80mJ的点火能量，起动时则需大于100mJ的点火能量。点火能量的高低与点火闭合角的大小有直接关系。

3. 合适的点火时刻

首先，发动机的点火时刻应满足其工作循环的要求；其次，可燃混合气在气缸内从开始点火到完全燃烧需要一定的时间（千分之几秒），因此要使发动机输出最大功率，就不应在压缩行程终了时刻（上止点）点火，而应适当提前一个曲轴转角。这样，当活塞到达上止点时，混合气已经接近充分燃烧，发动机能输出最大功率。

第二节　点火系统的控制

点火系统的控制主要包括闭合角控制和点火正时控制。闭合角控制指 ECM 对点火线圈内部初级绕组通电时间的控制；点火正时控制指 ECM 控制点火线圈点火的时间早晚。

一、闭合角控制

闭合角指点火线圈内部初级绕组的通电时间，由 ECM 控制。闭合角是影响击穿电压和点火能量的重要因素，合适的闭合角可以使点火线圈在较宽的发动机转速范围内均可靠工作。

电流通过初级绕组在绕组周围生成磁场。磁场强度取决于绕组电流的大小。当初级绕组电流达到最大值时（饱和电流），磁场强度最大。初级绕组电流的充电段与限流段之和即闭合角，如图 3-5 所示。图 3-6 所示一缸点火控制信号波形中，低点位部分就是正常情况下点火线圈初级绕组的闭合角。

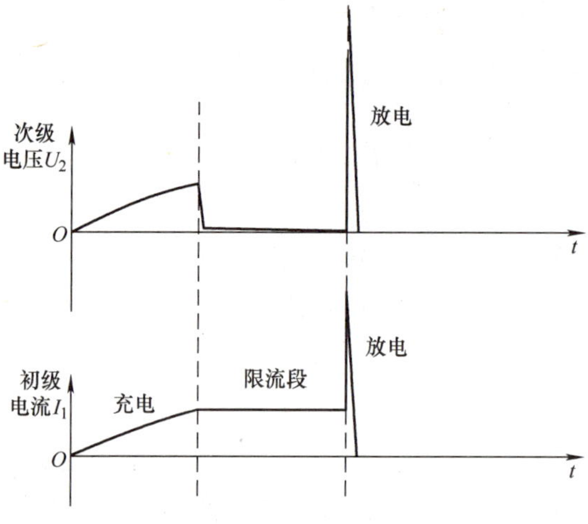

图 3-5　闭合角

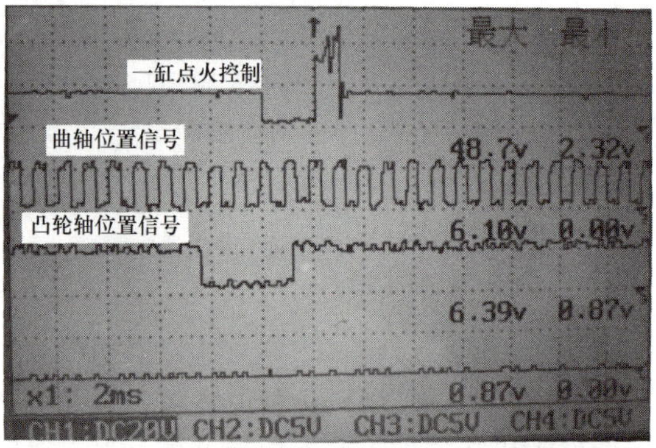

图 3-6　正常情况下点火线圈初级绕组的闭合角

为提高点火线圈初级绕组的充磁能力，初级绕组的电阻通常比较小，一般为 0.5 ~ 0.8Ω。如果初级绕组的导通时间过长，则会使其发热，严重时可能导致点火线圈出现烧融现象。

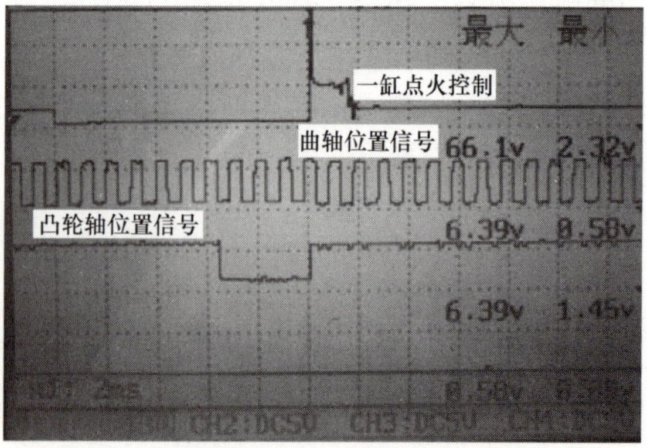

图 3-7　蓄电池电压过低时的闭合角控制

当电源电压发生变化时，初级绕组达到饱和电流所需的绝对时间也会发生变化。为实现闭合角的控制目标，开发人员通过试验得到不同蓄电池电压和不同发动机转速下的闭合角数据，并编制成闭合角数据表（也称闭合角脉谱图），并储存在 ECM 中。发动机工作时，ECM 根据蓄电池电压信号和发动机转速信号，从闭合角数据表中选出相应的闭合角，对初级绕组的通电时间进行控制，图 3-7 所示为蓄电池电压过低时的闭合角控制。

二、点火正时控制

点火正时控制即点火提前角控制，点火提前角直接影响发动机的输出功率、油耗和排放等。发动机工况不同，需要的最佳点火提前角也不同。

1. 提前点火的原因

试验表明，在发动机气缸内的混合气燃烧过程中，最高燃烧压力出现在上止后10°时，发动机输出功率最大。

点火提前角过小，会使燃烧出现在活塞快速下行阶段，导致燃烧物与缸壁接触面积过大，发动机容易过热，并损失一定的功率。

点火提前角过大，可能使活塞在上行时受到一定的阻力，导致发动机输出功率降低，同时可能引起爆燃。图3-8所示为点火提前角控制原理。

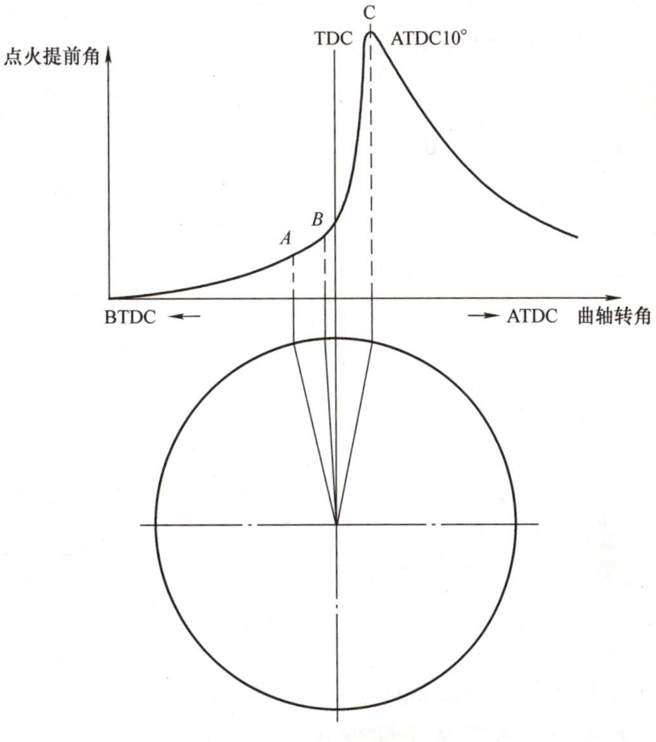

图3-8 点火提前原理

A—ECM发出点火指令 B—点火开始

C—最大压力点 A—C点火滞后时间

2. 起动时点火提前角的确定

起动时，发动机转速变化大，空气流量不稳定，对点火提前角难以精确控制，因此采用一个固定的点火提前角，如图3-9所示。

3. 起动后点火提前角的确定

点火提前角 = 基本点火提前角 + 各种修正。

基本点火提前角由发动机的负荷和转速决定，各种修正包括冷却液温度修正、起动后修正、怠速稳定性修正和进气温度修正，如图3-10所示。

4. 发动机转速对点火提前角的影响

点火滞后期几乎保持不变，发动机转速升高时，曲轴滞后角会增大，因此需要在发动机高转速下提前点火正时，如图3-11所示。

5. 发动机负荷对点火提前角的影响

混合气燃烧时的火焰传播速度，很大程度上受混合气的挤流、涡流和翻滚等影响，与发动机进气量的增加成比例。空气流速提高，火焰传播速度也会提高。因此，进气量多，负荷高时，需要延迟点火正时，如图3-12所示。

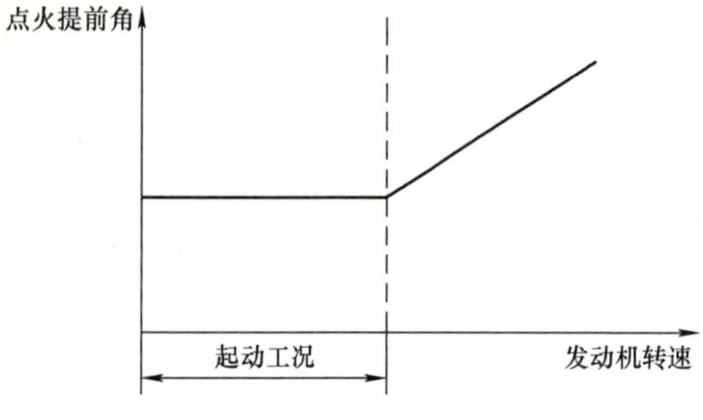

图 3-9　起动时的点火提前角控制

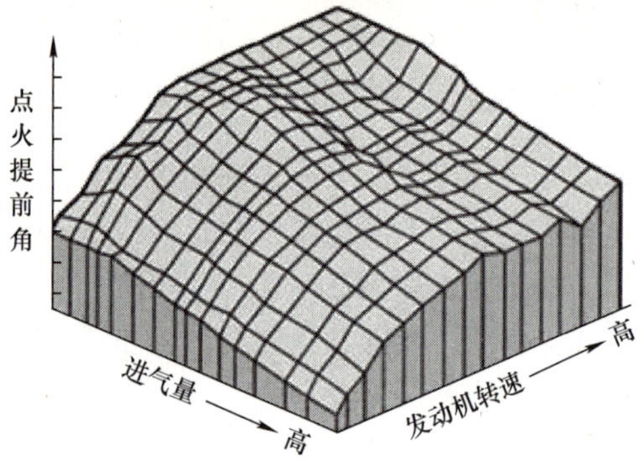

图 3-10　基本点火提前角

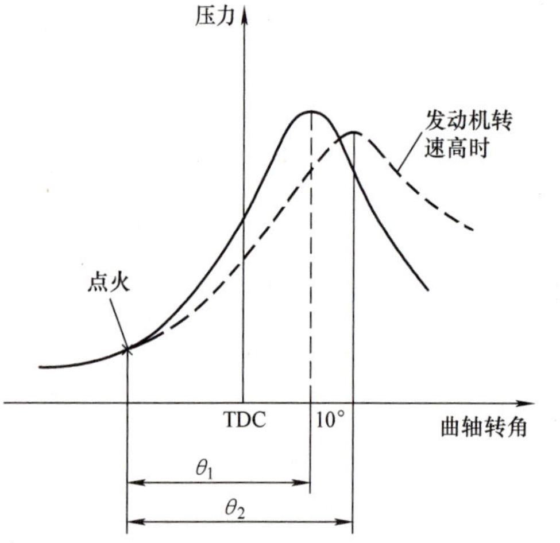

图 3-11　发动机转速对点火提前角的影响

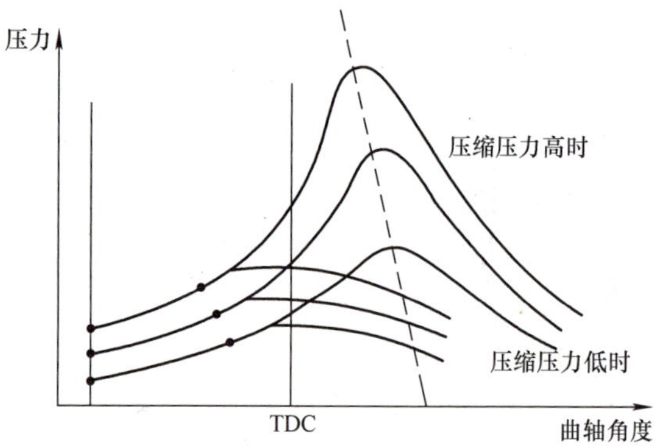

图 3-12　发动机负荷对点火提前角的影响

6. 发动机怠速波动对点火提前角的影响

点火正时通常会不断变化以产生稳定的怠速。ECM 会判断发动机当前转速与平均转速的差异。若当前转速低于平均转速，则点火正时会提前以提高发动机转速。若当前转速高于平均转速，则点火正时会延迟以降低发动机转速。发动机转矩会随点火正时修正值而变化，因此能产生稳定的怠速提前角，如图 3-13 所示。

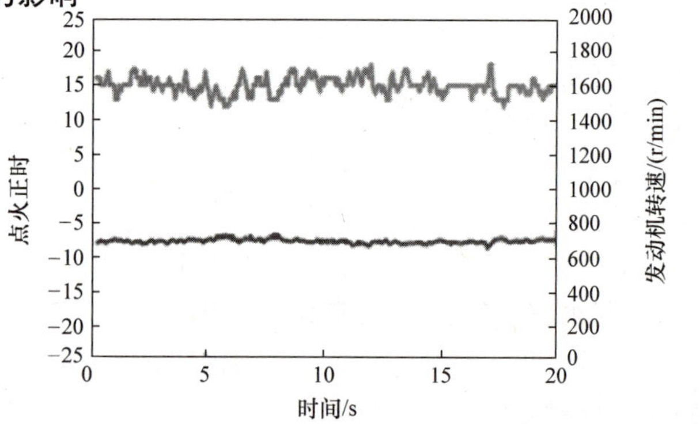

图 3-13　发动机怠速波动对点火提前角的影响

7. 冷却液温度和进气温度对点火提前角的影响

在进气温度或冷却液温度高的情况下，必须适当延迟点火正时以防止发生爆燃。

三、点火提前角的闭环控制

1. 爆燃

爆燃（图 3-14）是一种危险的瞬时异常自燃现象，具有可再发生性。短时间内的轻微爆燃不会对发动机产生危害。但是持续的爆燃将会导致发动机输出功率下降、燃油经济性变差，甚至使火花塞和活塞熔化，燃烧室损坏。必须采取有效的控制方案来预防并监测爆燃现象。

低辛烷值的汽油、高冷却液温度、高进气温度、低湿度、较高的空燃比及发动机老化积炭等都会导致爆燃。

2. 点火提前角闭环控制

ECM 通过爆燃传感器信号来判断发动机是否发生爆燃（图 3-15）。当发动机发生爆燃时，ECM 会立刻控制点火提前角向延迟一侧移动，直到爆燃现象消失为止。若在数秒内未发生爆燃，则点火提前角又会逐步向提前一侧移动，直到爆燃现象再次出现为止。ECM 根据爆燃传感器的信号调整点火提前角，使发动机工作在爆燃临界状态。

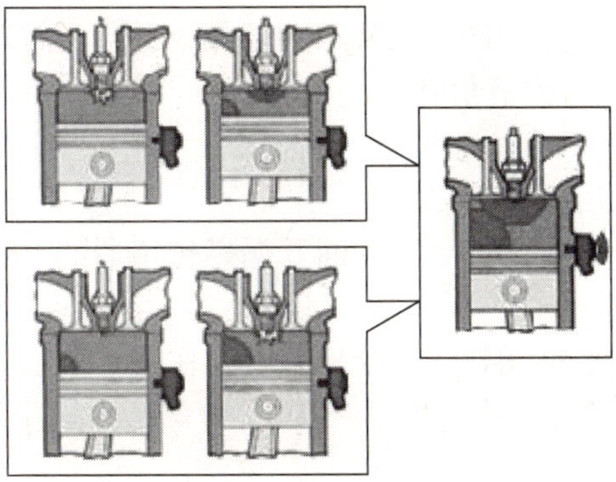

图 3-14 爆燃

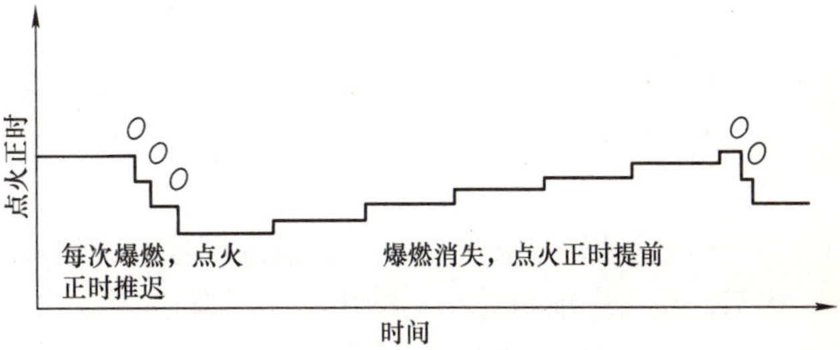

图 3-15 爆燃对点火提前角的影响

第三节 点火系统的故障诊断

点火系统常出现的故障有火花塞不能点火或点火能量不足、火花塞绝缘体击穿漏电、点火正时控制不当及失火等。

一、火花塞绝缘体击穿漏电

火花塞绝缘体（裙部）漏电会影响发动机的正常工作，如图 3-16 所示。在热车怠速时，火花塞的击穿电压要求相对较低，因此影响不明显。但当发动机负荷较大时，因气缸内压力较高，空气密度较高，火花塞需要更高的电压才能击穿电极间隙，此时往往会出现加速娗车的现象。

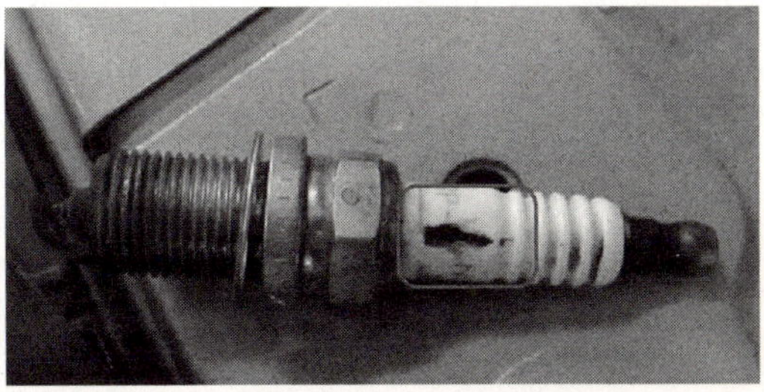

图 3-16 火花塞绝缘体击穿漏电

为判断是否是点火系统漏电或点火能量不足导致的矬车，可以采用低速高档、节气门全开的方法。这可将发动机负荷增加到最大，以加大火花塞的跳火难度，提高点火线圈的次级绕组电压。如果火花塞裙部漏电，则次级绕组电压升高后，因大负荷情况下火花塞电极处阻值增大、裙部绝缘体被击穿后阻值相对较低，高电压可能导致火花塞裙部发生短路跳火，出现火花塞不跳火的现象。

火花塞裙部被击穿，说明火花塞电极处的阻值曾大于火花塞裙部的绝缘体阻值。

发动机出现某一缸积碳严重或燃烧室温度过高时，容易出现爆燃现象。爆燃会导致火花塞电极周围气体的压力升高，这时点火线圈需要产生的次级绕组电压会大幅提高，进而击穿火花塞裙部绝缘体。

除发动机爆燃外，还要考虑从点火线圈到火花塞的高压线电阻是否过大。高压线电阻过大也会导致点火线圈次级绕组电压升高，进而使火花塞裙部绝缘体被击穿。

二、点火提前角控制不当

点火提前角过大会导致发动机爆燃，而过小会导致发动机输出功率下降，车辆加速无力。出现以上故障现象时，待发动机工作稳定后，使负荷增加到接近 100%（通过低速高档，将加速踏板踩到底的方法实现），观察发动机数据流中的点火提前角数据，并与正常车同样条件下测试的数据进行对比，即可判断是否与点火提前角有关。

点火正时过迟的故障原因：

1）曲轴位置传感器故障或信号轮位置偏差导致信号不正常。

2）爆燃传感器故障或电磁干扰导致传感器信号异常。这可采用断开爆燃传感器的方法来验证。

3）发动机积炭严重、冷却液温度偏高或燃油标号过低导致发动机一直工作在爆燃临界状态，点火提前角过小，输出功率下降。

4）其他传感器信号不正常。

三、发动机失火

1. 失火监测原理

车载诊断系统能够监测造成 HC 排放突变的任意失火，包括单缸和多缸失火，如图 3-17 所示。

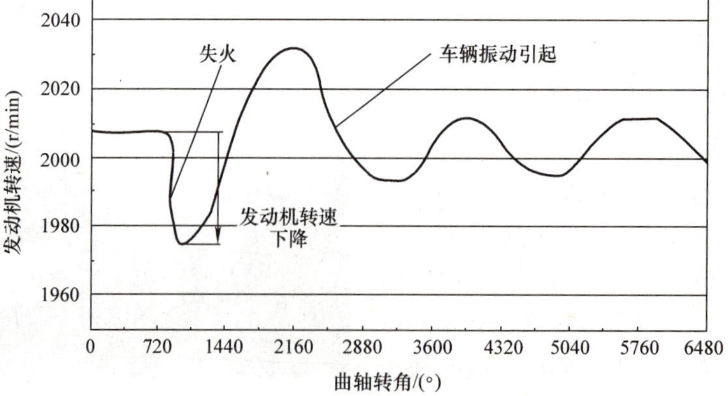

图 3-17　发动机失火监测原理

ECM 通过曲轴转速变化判断失火。发生失火时，曲轴转速会因失去动力而降低。结合凸轮轴位置传感器提供的判缸信号，ECM 还能确定哪个气缸失火。

2. 三元催化转化器损害型失火

失火率过高（如单缸失火或失火率在 10% 以上）时，大量未燃烧的汽油（正常喷油，但未点火）进入排气系统会导致后燃，使三元催化转化器温度迅速升高。排气管内温度可能超过三元催化转化器所能承受的极限。此时，警告灯会立即点亮，且以 1Hz 的频率闪烁预警。

当失火率达到可能永久损坏三元催化转化器的水平时，OBD 系统将执行以下控制程序：

1）警告灯立即点亮并闪烁，提示驾驶人车辆正处于三元催化转化器损害型失火工况。

2）系统会监测是否属于单缸失火工况。一旦系统确认为单缸失火，会切断相应气缸的喷油以尽可能保护三元催化转化器。

3）系统已判断为三元催化转化器损害型失火时，若车速及发动机负荷降低到一定限值，则警告灯会停止闪烁但保持点亮状态，以允许驾驶人驾驶车辆“跛行回家”。

4）当三元催化转化器损害型失火发生时，故障诊断系统会立即报告 P0300 故障码，该故障码为 A 类。

3. 排放损害型失火

失火率在 1% ~5% 之间的轻微失火称为排放损害型失火。排放损害型失火发生时，OBD 系统将执行以下控制程序：

1）警告灯会在连续两个汽车运转循环中点亮。

2）由于有未燃烧的汽油（正常喷油但没有点火）进入排气系统，HC 和 CO 不能被充分转化，导致尾气排放恶化。

3）当失火率达到导致尾气排放超过 OBD 限值的水平时，OBD 系统会报告一个排放损害型故障码并记录有关信息。

4）排放损害型失火的故障码为 P0300，故障码类型为 B 类，这意味着必须在两个连续的发动机工作循环中报告排放损害型失火，才会点亮发动机警告灯。

不平路面会导致曲轴转速间歇性变化，这可能被误检测为失火。OBD 系统利用不平路面传感器（或 EOBD 系统的轮速传感器）对路面进行监测，检测到不平路面时，暂时关闭失火检测系统。

4. 失火计数器

只要某个气缸失火，诊断系统就开始统计失火次数并记录失火发生时的曲轴位置。每个气缸都有一个当前和一个历史失火计数器。当前失火计数器表示最近 200 个气缸点火事件中发生失火的点火事件数。当前失火计数器只显示实时数据，不存储失火故障码（DTC）。历史失火计数器显示发生失火的气缸点火事件的总数。历史失火计数器会一直显示 0，直到失火诊断未通过并设置故障码。设置失火故障码后，历史失火计数器会根据每 200 个气缸点火事件更新一次。

失火计数器中的信息可以帮助我们确定发生失火的气缸。如果失火计数器显示 1 号和 4 号气缸曾经缺火，则应检查 1 号和 4 号气缸共用的电路或部件。

5. 失火故障诊断

导致发动机失火的原因包括空燃比不当、点火系统故障和缸压不足等。图 3-18 所示为气门积炭导致的失火故障。

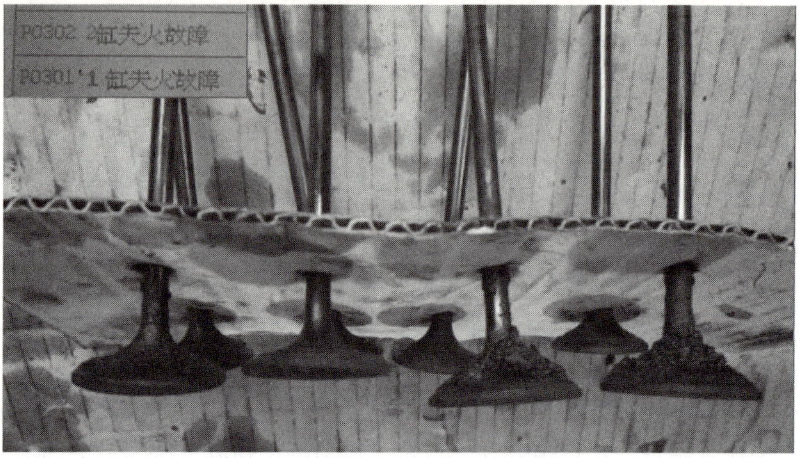

图 3-18　气门积炭导致的失火故障

1）空燃比不当：混合气过稀或过浓。

2）点火系统故障：可分为点火能量不足和点火正时不当两种情况。

① 对于点火能量不足故障，优先检查火花塞的跳火情况。检查火花塞的跳火情况时，将火花塞安装到点火线圈上，火花塞电极距缸体约 8mm，火花应明亮、稳定。如果没有火花，则先检测点火线圈的供电、搭铁及高压线、点火线圈电阻的情况，再检查火花塞是否受污染或开裂、烧损或间隙不当。如果火花塞有故障，则更换火花塞。

② 点火正时是否正确可通过数据流判断。发动机工作稳定后，使负荷增加到接近 100%，观察点火提前角数据，并与正常车同样条件下测试的数据进行对比。

3）其他因素

① 曲轴位置传感器信号轮安装错误。

② 曲轴位置传感器信号齿变形。

四、案例学习

故障现象：一辆五菱汽车发动机油底壳托底漏油后大修，装配后试车发动机警告灯点亮，ECM 报 1、4 缸失火故障码。

1. 故障分析及处理

导致 1、4 缸失火的原因包括空燃比不正常、点火不良、机械故障导致缸压不足及曲轴信号齿异常。

借助 WDS 诊断仪，通过长期燃油修正值和前氧传感器信号来判断是否是空燃比不良导致的失火故障。前氧传感器信号应在 0.1～0.7V 之间来回变化，正常，长期燃油修正值在 -5 左右，说明空燃比没有任何问题。

通过前氧传感器信号和长期燃油修正值，排除了存在点火系统和缸压不足故障的可能性。

从怠速状态看，如果 1、4 缸同时存在失火现象，则发动机应抖动严重，但实际抖动并不明显，因此虚假失火的可能性很大。

考虑到ECM是通过曲轴位置传感器来判断发动机是否存在失火故障，如果传感器或信号齿出现异常，则会错报故障码。

拆卸曲轴位置传感器，检查确认其头部没有异物。慢慢旋转曲轴，仔细检查信号齿时，发现有两个信号齿变形。更换曲轴位置传感器信号盘后故障彻底排除。

2. 总结

该案例告诉我们，导致发动机失火的原因很多，涉及很多系统，判断故障部位时要按系统进行分析，同时借助诊断仪读取相关数据辅助判断。

第四节　学习成果自检

填写以下表格，检验自己的学习成果。

序号	问题	自检结果
1	点火系统的功能有哪些？	
2	点火系统由哪些部件组成？	
3	点火系统是如何工作的？	
4	点火系统的性能要求有哪些？	
5	闭合角指的是什么？	
6	ECM 如何控制闭合角？	
7	点火为什么要提前？	
8	发动机负荷变大时点火提前角如何变化？	
9	点火提前角控制不当的原因有哪些？	
10	失火的故障原因有哪些？	

第五节　章练习题

一、单项选择题

问题1	OBD 系统根据哪个传感器的信号判断发动机失火？（　　）	
	A	进气压力传感器
	B	曲轴位置传感器
	C	凸轮轴位置传感器
	D	轮速传感器

问题2	在下列哪种工况下，ECM 使用固定点火提前角控制点火？（　　）	
	A	起动
	B	暖车
	C	怠速
	D	急加速

问题3	在下列哪些情况下点火正时要提前？（　　）	
	A	发动机转速升高
	B	发动机负荷增大
	C	冷却液温度过高
	D	发生爆燃

二、多项选择题

问题1	下列哪些原因可能导致失火故障？（　　）	
	A	喷油器堵塞
	B	火花塞不点火
	C	气缸压力低
	D	进气门关闭不严

问题2	在下列哪些情况下发动机容易发生爆燃？（　　）	
	A	使用低辛烷值汽油
	B	进气温度高
	C	空燃比较高
	D	发动机老化积炭

三、简答题

简述点火提前角闭环控制原理。

____

____

____

四、思考与讨论

1. 点火提前角控制不当的故障原因有哪些？

____

____

____

2. 发动机失火的故障原因有哪些？

____

____

____

第四章　怠 速 系 统

● 学习要点：

1）怠速系统的功能和组成。

2）电子节气门电动机的控制原理和工作模式。

3）怠速闭环控制和怠速系统自学习。

4）怠速系统的故障诊断。

● 学习目标：

1）能够简述怠速控制系统的功能和组成。

2）能够解释电子节气门电动机的控制原理和工作模式。

3）能够简述怠速闭环控制原理和怠速系统自学习方法。

4）掌握怠速系统的故障诊断方法。

第一节　怠速系统的功能、组成和闭环控制

维持发动机稳定运转的最低转速称为怠速，此时发动机只需克服自身内部机件的摩擦阻力，不对外输出功率，L2B 发动机热车后的正常怠速转速为750r/min。

一、怠速系统的功能

怠速工况是发动机在对外不做功的情况下，以最低稳定转速运行的工况。此时，发动机与传动系统完全脱离，以较低转速连续、平稳运转，并为辅助装置提供工作动力，例如空调、动力转向装置等。怠速工况是发动机工作的重要工况之一。

影响发动机怠速性能的因素主要有两个方面：一方面是控制进入气缸的混合气流量。混合气流量直接影响混合气在燃烧室内燃烧的速度、压力和温度，间接影响发动机的动力性、燃油经济性和排气性；另一方面是点火提前角控制，不同的点火时刻能对气缸内的燃烧过程产生很大影响，进而影响发动机的动力性。

汽油机的怠速性能主要体现在三个方面：怠速稳定性、怠速排放和怠速油耗。怠速系统的控制目的是提高怠速稳定性、降低怠速排放量、提高怠速燃油经济性。

怠速工况可分为以下类型（图4-1）：

1）空档怠速。空档怠速判断依据：车速为0，加速踏板处于完全释放位置。此时发动机转速最低。

2）行车怠速。行车怠速判断依据：车速不为0，加速踏板处于完全释放位置。此时转速比正常情况略高，目的是保证再加速时平稳过渡。

3）暖车怠速。暖车怠速判断依据：冷却液温度非热车工况，车速不为0，加速踏板处

于完全释放位置。暖车怠速的主要目的是保证快速热车。暖车怠速转速与冷却液温度有关，冷却液温度越低，转速越高。

4）提升怠速。在怠速工况下，如果发动机负荷发生变化，例如打开空调、前照灯等，则 ECM 会提高怠速转速，防止发动机抖动或熄火。

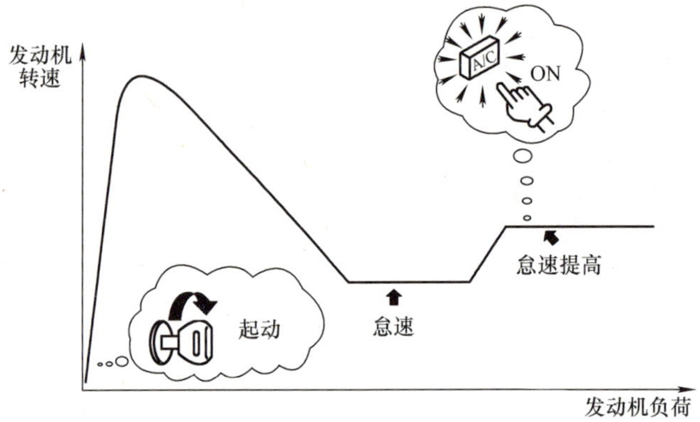

图 4-1　怠速工况的类型

二、怠速系统的组成

怠速控制主要通过改变怠速时的进气量来实现。改变进气量的方式有两种：利用怠速阀改变旁通气道的截面积；通过电动机直接控制节气门开度。目前五菱汽车均采用电子节气门来控制发动机怠速。

怠速系统主要包括以下部件：加速踏板位置传感器、节气门体总成（包括节气门电动机和节气门位置传感器）及 ECM 等，如图 4-2 所示。

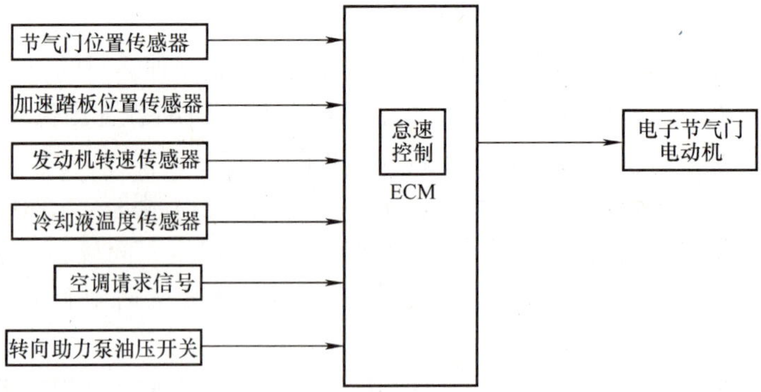

图 4-2　怠速系统组成

三、电子节气门电动机

ECM 利用电子节气门电动机对节气门进行控制，不同工况下，节气门保持不同的开度。

1. 节气门开度

电动机断电时，节气门在弹簧力作用下保持一定开度（约为 20%）。这样设计的好处是即使节气门电动机故障，节气门仍能保持一定开度，保证车辆还能行驶到维修站。此时，发动机怠速转速比正常情况高，L2B 发动机转速可达 2000r/min 左右。

打开点火开关后，节气门电动机工作，节气门开度减小到 8% 左右，进入起动状态。如果发动机没有起动，则一段时间后 ECM 会停止对节气门的控制，节气门电动机断电，开度恢复到 20% 左右，如图 4-3 所示。

发动机起动后，节气门的开度取决于发动机的工况。正常情况下，热车后节气门开度约为 2%。冷却液温度偏低及打开空调时，节气门开度要大一些。

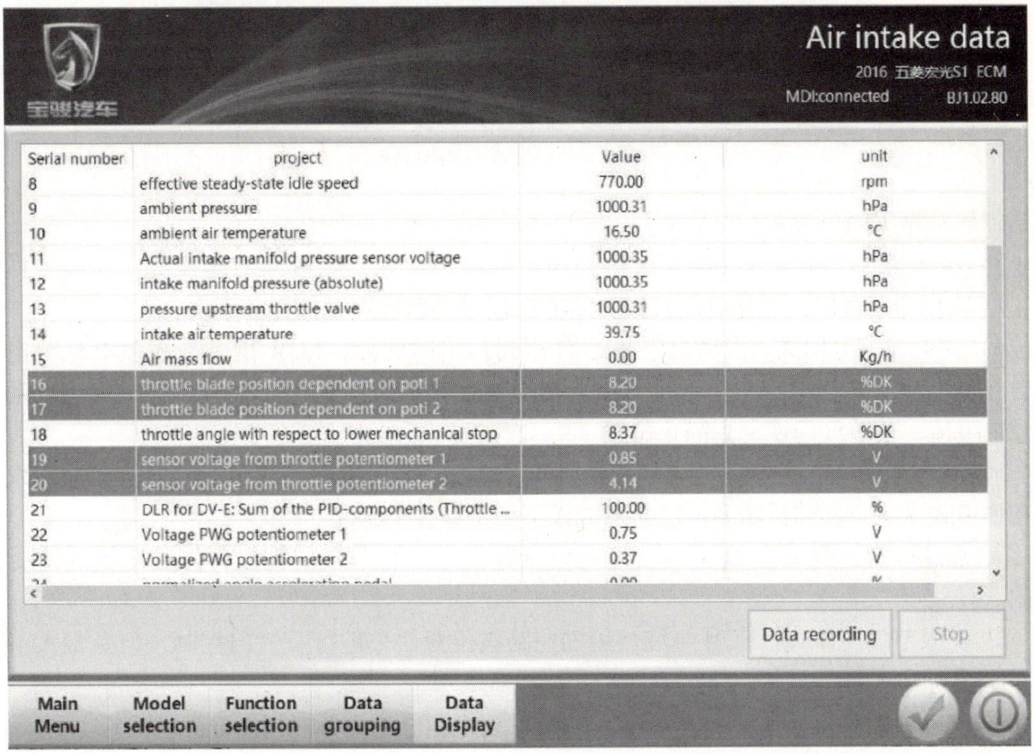

图 4-3 节气门开度（打开点火开关不着车）

2. 节气门电动机控制原理

电动机的电源和搭铁都由 ECM 控制。ECM 通过给电动机正向通电或反向供电，使其正转或反转，并能保持在某一个位置。

ECM 利用占空比信号控制电动机。占空比越大，电流越大，节气门开度越大。

发动机转速高于怠速转速时，ECM 首先减小对电动机的供电电流，使节气门在弹簧力的作用下回到静止状态时的位置，再正向给电动机供电，使其正转，继续加大节气门开度。直到达到期望的发动机转速。此时，节气门电动机的供电电流不再增大，但保持在一定值以克服弹簧力。

图 4-4 所示为 ECM 控制节气门电动机的波形。

3. 电子节气门工作模式

1）最小踏板值。每次打开点火开关时，ECM 更新读入的最小踏板值。

2）最小节气门位置值：每次打开点火开关时，为使 ECM 读入最小节气门位置值，节

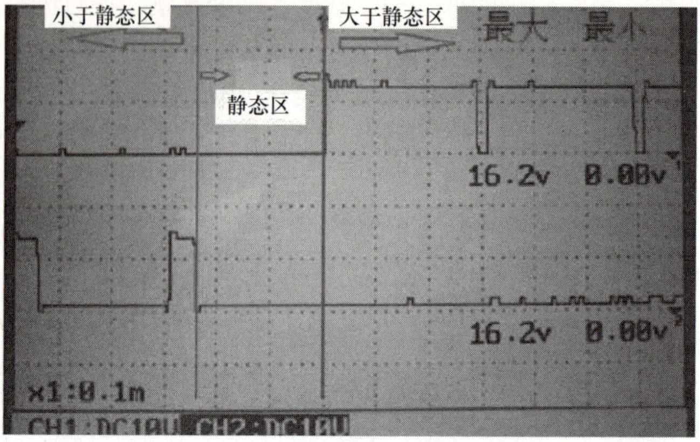

图 4-4　节气门电动机的控制波形

气门需转动至关闭位置。

3）破冰模式。如果节气门无法达到预定的最小位置，则进入破冰模式。在破冰模式下，ECM 指令节气门执行器电动机在关闭方向以最大脉冲宽度执行若干次。

4）蓄电池节电模式。发动机停止运转达到预定时间后，ECM 指令进入蓄电池节电模式。在蓄电池节电模式下，ECM 断开来自电动机控制电路的电压，从而断开节气门电动机的供电电流，使节气门恢复到静止位置。

5）减小发动机功率模式。ECM 检测到电子节气门控制系统有故障时，会进入减小发动机功率模式。减小发动机功率可能会造成以下一个或多个状况。

① 加速限制：ECM 继续使用加速踏板位置信号进行节气门控制，但是车辆加速受到限制。

② 受限节气门模式：ECM 继续使用加速踏板位置信号进行节气门控制，但是最大节气门开度受到限制。

③ 节气门默认模式：ECM 中断节气门电动机控制电流，节气门恢复静止位置。

④ 强制怠速模式：ECM 通过控制节气门电动机，将发动机转速限制在怠速转速范围内，忽略加速踏板输入信号。

⑤ 发动机关闭模式：发动机熄火时，ECM 会停止燃油供给，并断开节气门电动机电源。

四、怠速闭环控制

怠速控制的实质是通过怠速执行器调节进气量，同时配合喷油量及点火提前角的控制，稳定或改变怠速转速。

怠速控制的方式包括开环控制和闭环控制。一般来说，在起动、暖机和急减速等工况时多采用开环控制，而在稳定怠速工况多采用闭环控制。闭环控制的反馈信号为发动机转速信号。

1. 怠速稳定控制

ECM 收到怠速工况信号时，先从存储器中调取标准的怠速转速数据，并与当前发动机实际转速进行对比，若当前转速偏离目标转速，则 ECM 向执行器发出调节指令，增大或减小怠速进气量，从而使发动机转速趋向于目标转速，达到怠速稳定控制目的。

2. 怠速提速控制

在稳定控制的基础上，根据发动机当前工况和负荷来决定是否提速。冷车时，为使发动机快速升温，需提高转速；增加负荷时，需提高转速以稳定发动机怠速工况，例如开空调、转动转向盘、挂档、开前照灯及起动散热风扇等，如图 4-5 所示。

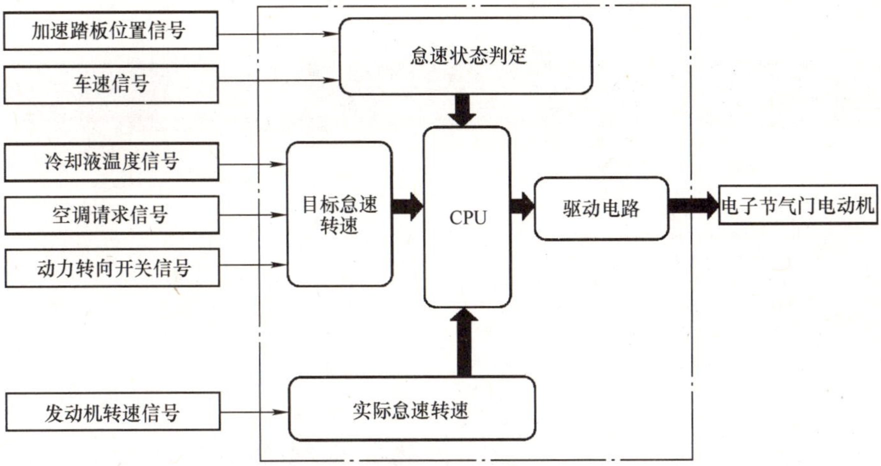

图 4-5 怠速闭环控制

3. 怠速系统的自学习

随着车辆使用时间的增长，节气门体部位的积炭逐渐增多。为达到期望的怠速转速，ECM 会不断对节气门开度进行调整，以补偿节气门积炭导致的进气量减少。该学习值被计入 ECM 的存储器，这就是 ECM 的自学习功能。

清洗、更换电子节气门或更换 ECM 时，由于 ECM 内部的控制数据与电子节气门不匹配，发动机可能出现怠速过高或怠速过低的现象。这种情况下，应执行电子节气门的学习程序。

L2B 发动机的节气门学习程序可自行完成，即每次打开点火开关到 ON 位时，ECM 都要进行节气门最小值的学习。

第二节 怠速系统故障诊断

怠速系统的故障主要包括怠速转速过高或过低、怠速游车和怠速不稳等。怠速系统故障涉及面较广，原因也比较复杂，诊断难度较大，只有在了解怠速控制原理的基础上认真分析，并结合一定的方法和技巧，才能快速排除故障。

一、怠速转速过高或过低

1. 怠速状态的判定

导致怠速转速过高或过低的因素非常多。首先应利用诊断仪的数据流功能确定发动机是否处于怠速状态，如图 4-6 所示。

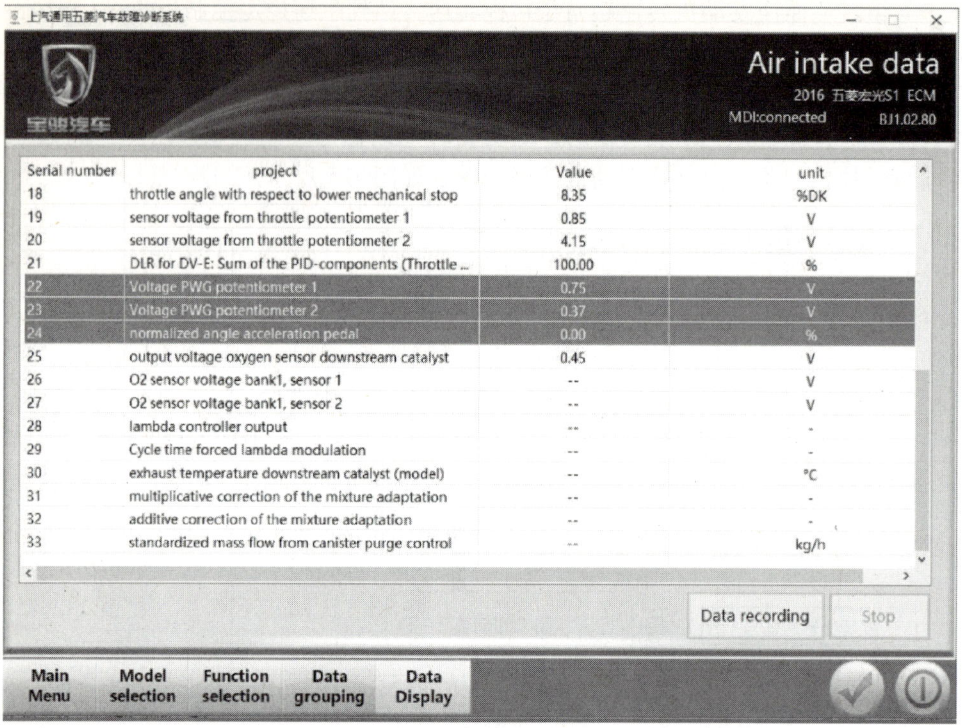

图 4-6　加速踏板位置传感器信号电压（未踩加速踏板）

对于节气门直动式怠速系统，可通过诊断仪观察加速踏板开度（正常为 0%），以识别发动机是否处于怠速状态。如果判断为非怠速状态，则重点检查加速踏板是否存在卡滞情况及加速踏板信号电路是否异常等。

2. 怠速转速主动高和被动高

如果判断为怠速工况，则通过观察目标怠速转速与发动机实际转速的差异，来确定怠速转速是主动高还是被动高，如图 4-7 所示。

（1）主动高（目标转速与实际转速一致）

如果实际转速与目标转速一致或相差较小，则说明怠速转速异常是 ECM 接收到某些不正常的怠速请求信号所致。以怠速转速高为例，需要检查空调请求信号、转向助力信号及冷却液温度信号等，查看这些信号是否与当时的实际情况一致。

（2）被动高（目标转速与实际转速不一致）

如果实际转速与目标转速不一致（相差较大），则说明怠速转速异常是意外原因所致。怠速转速高的原因是节气门后部进气歧管漏气，可通过数据流中的电子节气门开度来判断。

当 ECM 监测到实际发动机转速高于目标转速时，会通过减小节气门开度来修正怠速值。修正到极限（节气门开度为 0）时，ECM 会放弃修正，进而导致怠速高的故障。具体原因可能是 EVAP 电磁阀卡滞在常开位置、VIM 电磁阀真空管路漏气、PCV 阀卡滞漏气、进气歧管变形漏气、节气门体漏气及制动系统的真空助力器漏气等。判断这类故障的方法是堵塞相关管路同时观察怠速转速是否下降。

一些特殊的操作也可能导致怠速转速过高或过低，例如前文提到的 ECM 维修编程、更

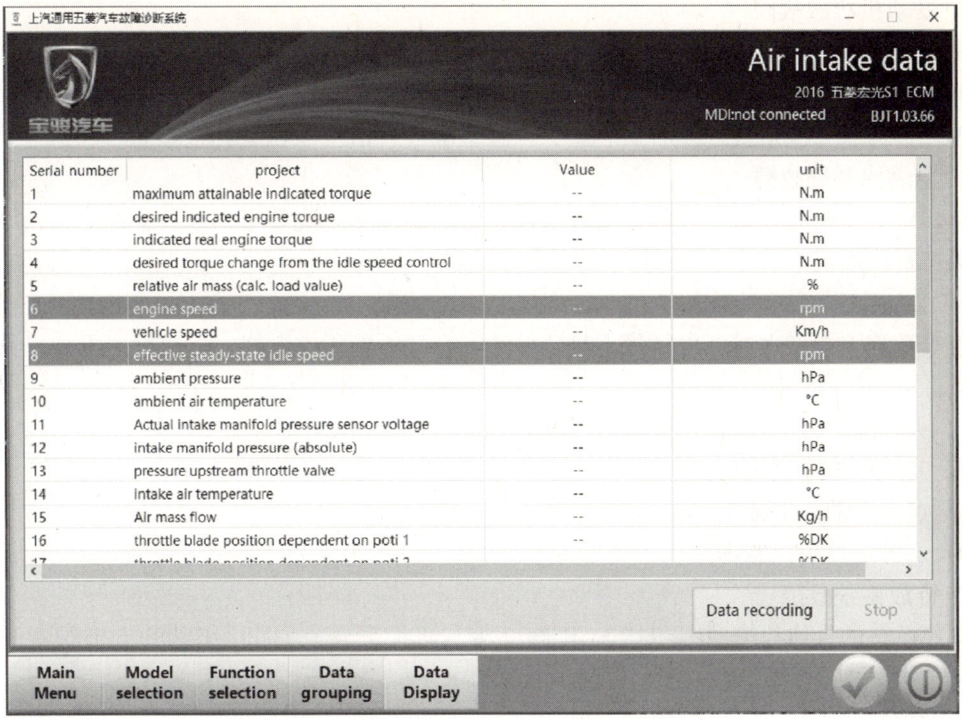

图 4-7 发动机实际转速和目标转速

换新 ECM 及清洗节气门体等。

二、怠速游车

怠速游车即怠速转速忽高忽低，可通过诊断仪读取发动机转速来判定。确定是怠速游车故障后，再通过诊断仪观察目标转速数据来区分是主动游车还是被动游车。如果目标转速也是忽高忽低，则为主动游车；如果目标转速保持不变，则为被动游车。

1. 主动游车

主动游车表明 ECM 间歇性地接收到提高发动机转速的信号。ECM 接收到负荷变化信号后会主动提高怠速转速，防止怠速不稳。

导致 ECM 主动提高怠速转速的信号包括空调请求信号、转向助力油压开关信号、大负荷用电设备工作信号及冷却液温度信号等。

2. 被动游车

导致被动游车的原因是发动机出现间歇性外在负荷过大的现象，例如空调压缩机由于线路故障而频繁接合与断开、水泵间歇性卡滞、转向助力泵间歇性卡滞及传动带间歇性打滑等。

三、怠速不稳

导致怠速不稳的原因很多，按照故障出现的部位可分为发动机机械故障、空燃比控制系统故障、点火系统故障及排放系统故障。

1. 发动机机械故障

常见的导致怠速不稳的发动机机械故障可分为配气机构故障和曲柄连杆机构故障两类。配气机构故障包括气门关闭不严、气门开度不够、气门弹簧疲软或折断及配气正时错乱等。曲柄连杆机构故障包括气缸体磨损严重、气缸垫漏气及活塞顶积碳严重等。

2. 空燃比系统故障

空燃比不正确会导致混合气过浓或过稀，影响混合气燃烧质量，导致怠速不稳，详情请参见第二章第五节。

3. 点火系统

点火系统不能点火或点火能量不足会导致混合气不能正常燃烧，造成怠速不稳，具体原因如下：

1）火花塞电极间隙过大或过小、型号不匹配、电极积碳短路及裙部漏电。

2）高压线电阻过大或漏电。

3）点火线圈漏电或次级绕组电压不足。

4）点火提前角控制不当。

4. 排放系统故障

排放系统的具体故障原因包括 EGR 阀（废气再循环阀）常开、EVAP 电磁阀常开及三元催化转化器堵塞严重。

四、案例学习

故障现象：一辆五菱汽车怠速游车，转速在 600 ~ 1200r/min 间波动，发动机有时会熄火。经多次维修检查都没有解决问题。

1. 故障分析及处理

首先使用五菱专用诊断仪观察数据流，发现怠速转速波动时目标怠速值也随之波动，这说明是主动游车。主动游车的原因可能是有不正常信号输入，包括空调请求信号、转向助力油压开关信号、大负荷用电设备工作信号及冷却液温度信号等。ECM 接收到负荷变化信号后会主动提高怠速转速，以防止怠速不稳。

检查转向助力油压开关信号线时发现，信号线表面已磨破，铜丝裸露在外，如图4-8所示。发动机怠速运转时存在抖动现象，导致磨破的转向助力油压开关信号线间歇性地与转向助力泵壳体接触，造成转向助力油压开关信号线间歇性搭铁。ECM 获得错误的怠速转速补偿信号时，会主动增加发动机输出；而怠速转速补偿信号消失时，ECM 又会主动减小发动机输出，由此导致怠速游车。

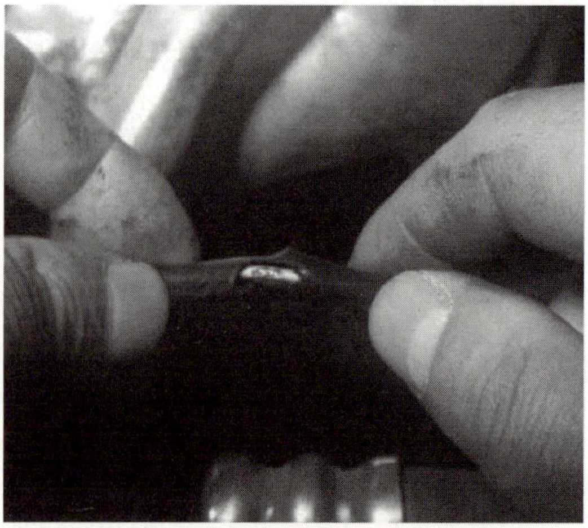

图4-8 转向助力油压开关信号线磨破

2. 总结

该案例告诉我们，只要了解怠速控制的基本原理，结合正确的思路和方法，就能快速找到故障原因。而针对怠速游车故障，首先应确定是主动游车还是被动游车，再按照故障诊断流程分步找到故障部位。

第三节 学习成果自检

填写以下表格，检验自己的学习成果。

序号	问题	自检结果
1	怠速工况分为几种类型？	
2	怠速系统由哪些部件组成？	
3	节气门开度在冷车起动到热车过程中如何变化？	
4	什么是电子节气门的最小节气门位置值？	
5	什么是电子节气门的蓄电池节电模式？	
6	ECM 根据哪些传感器的信号来确认发动机处于怠速状态？	
7	怠速系统根据哪个传感器的信号进行怠速闭环控制？	
8	怠速过高的故障原因有哪些？	
9	怠速游车的故障原因有哪些？	
10	怠速不稳的故障原因有哪些？	

第四节 章练习题

一、单项选择题

问题 1	五菱 L2B 发动机在正常怠速时，电子节气门开度大概是多少？（　　）	
	A	2% 左右
	B	5% 左右
	C	8% 左右
	D	20% 左右

问题 2	怠速系统根据哪个传感器提供的信号进行闭环控制？（　　）	
	A	车速传感器
	B	发动机转速传感器
	C	爆燃传感器
	D	冷却液温度传感器

问题 3	点火开关处于“ON”档时，ECM 控制电子节气门转动至关闭位置的目的是什么？（　　）	
	A	读入最小节气门位置值
	B	读入最小加速踏板值
	C	节约蓄电池的电能
	D	减小发动机功率输出

二、多项选择题

问题 1	下列哪些系统不正常可能导致怠速不稳？（　　）	
	A	发动机机械系统
	B	空燃比控制系统
	C	点火系统
	D	排放系统

问题 2	下列怠速过高的原因中属于被动高的是？（　　）	
	A	VIM 电磁阀真空管路漏气
	B	PCV 阀卡滞漏气
	C	进气歧管变形漏气
	D	错误的空调请求信号

三、简答题

简述怠速闭环控制过程。

四、思考与讨论

1. 怠速过高的原因有哪些？

2. 怠速不稳的原因有哪些？

第五章　排放系统

● 学习要点：

1）有害气体的种类和控制措施。
2）PCV 系统的工作特性和故障诊断。
3）EVAP 系统的工作特性和故障诊断。
4）EGR 系统的工作特性和故障诊断。
5）三元催化转化器的工作特性和故障诊断。

● 学习目标：

1）能够简述有害气体的种类和控制措施。
2）能够解释 PCV 系统的工作特性并对其进行诊断。
3）能够解释 EVAP 系统的工作特性并对其进行诊断。
4）能够解释 EGR 系统的工作特性并对其进行诊断。
5）能够解释三元催化转化器的工作原理并对其进行诊断。

第一节　汽油发动机有害气体种类及相关控制措施

作为空气的主要污染源之一，汽车尾气中含有大量的有害物质，包括一氧化碳（CO）、氮氧化物（NO_x）、碳氢化合物（HC）和固体悬浮颗粒等。

为了满足排放法规的要求，汽车生产厂通常采用的排放控制系统有曲轴箱强制通风系统（PCV）、燃油蒸发排放控制系统（EVAP）、废气再循环系统（EGR）及三元催化转化器（TWC）等。

一、汽油发动机有害气体种类

汽油发动机排放的有害气体主要有一氧化碳（CO）、氮氧化合物（NO_x）和碳氢化合物（HC），如图 5-1 所示。

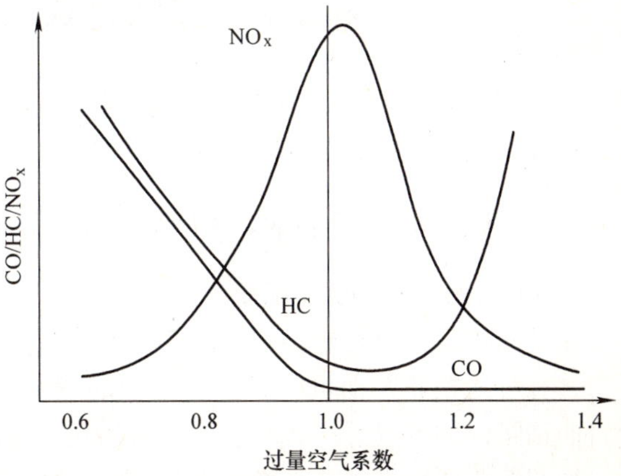

图 5-1　空燃比与尾气排放的关系

1. 一氧化碳（CO）

汽油发动机气缸内的混合气燃烧时，汽油（HC）与氧气（O_2）发生化学反应，在理想情况下生成二氧化碳（CO_2）和水（H_2O），同时释放出大量热能驱动发动机做功。

混合气的燃烧过程非常复杂，化学反

应通常分为若干步完成，CO 是这些化学反应的中间过程产物。如果混合气中的 O_2 含量不足，则 CO 无法完成正常的燃烧过程，会随废气排出车外。混合气中的 O_2 含量越少（浓混合汽），废气中的 CO 含量就越多。简而言之，CO 是混合气浓度的指示器，浓混合气生成 CO 多，稀混合气生成 CO 少。

2. 碳氢化合物（HC）

汽油实际上是各种碳氢化合物的混合体。如果燃烧过程完成得很理想，则排放出的废气中的 HC 含量就很低，反之 HC 含量就高。很多因素都会影响燃烧过程的正常进行，并导致 HC 含量升高，例如过浓或过稀的混合气、点火不良及混合气压缩不足等。即使是正常的燃烧过程中，也会有少量 HC 因没有燃烧而直接排出车外。在正常使用条件下，燃油箱挥发出的燃油蒸气中也含有大量 HC。

3. 氮氧化合物（NO_x）

氮氧化合物是在高温情况下由空气中的氮气和氧气发生化学反应生成的。N_2 在常温下很稳定，当温度升高到一定程度后，氮和氧开始发生化学反应，生成大量的 NO_x。影响 NO_x 含量的主要因素是燃烧温度，温度越高 NO_x 越多。

二、汽油发动机尾气排放控制措施

目前，汽油机常用的尾气排放控制系统如下：

1）空燃比闭环控制系统。

2）曲轴箱强制通风系统。

3）废气再循环系统。

4）燃油蒸发排放控制系统。

5）三元催化转化器。

以三元催化转化器为例，为使其发挥最大效能，满足排放法规要求，ECM 必须保证实际空燃比接近理论空燃比。如果没有空燃比闭环控制过程，则三元催化转化器仅能发挥最大效能的 70%，如图 5-2 所示。

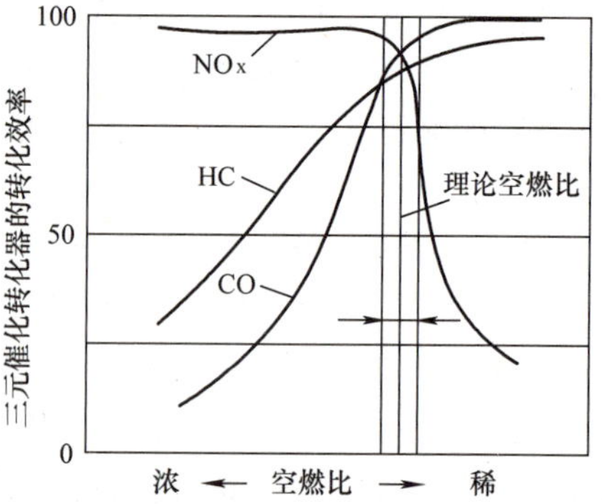

图 5-2 空燃比闭环控制与尾气排放的关系

第二节 曲轴箱强制通风系统（PCV）

PCV 系统的主要作用是清除发动机曲轴箱内的有害废气和燃油蒸气，避免它们进入大气。此外，PCV 系统还能平衡曲轴箱内的压力，防止发动机损坏。

一、PCV 系统的功能、组成和工作过程

1. PCV 系统的功能和组成

在发动机运转过程中，空气、燃油和废气会窜过活塞环并聚积在曲轴箱内，形成一定的压力，有可能损坏发动机密封件。其中的废气还可能污染机油，导致机油变质。PCV 系统能将曲轴箱内的废气、空气和燃油混合后送入进气歧管。

如图 5-3 所示，PCV 系统由 PCV 阀、真空管及空气平衡管组成。PCV 阀的开闭由真空控制。空气平衡管的作用是平衡曲轴箱内的压力，防止曲轴箱内形成真空。在 PCV 阀堵塞

时，空气平衡管还可用作废气通路。

2. PCV 阀的结构和工作过程

发动机怠速运转时，进气歧管内的真空度很高，将 PCV 阀中的柱塞吸到顶端较窄的部位，使通往进气歧管的通道变窄，限制废气循环流量，此时的废气循环量最小，如图 5-4 所示。

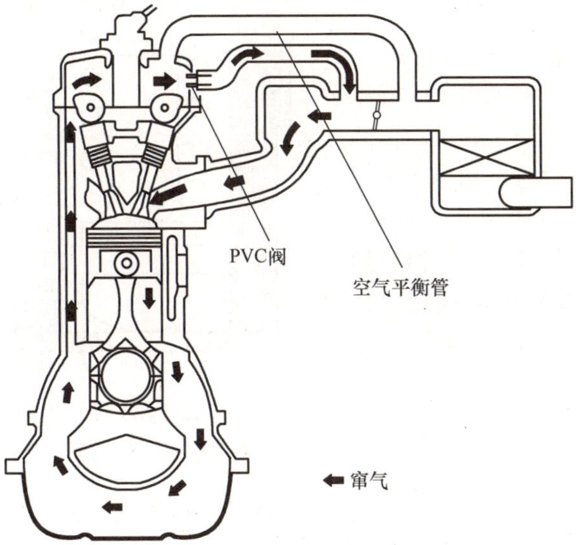

图 5-3 PCV 系统的组成

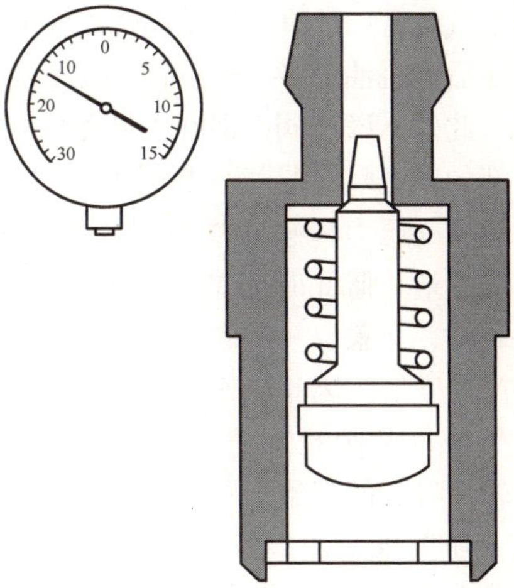

图 5-4 怠速时 PCV 阀的工作状态

发动机以中等负荷稳定运转时，进气歧管内的真空度降低，弹簧推动柱塞下移，使更多废气流过 PCV 阀，如图 5-5 所示。

发动机处于大负荷工况时，进气歧管内的真空度很低，弹簧推动柱塞下移量进一步加大，使通过 PCV 阀的废气量进一步增大，如图 5-6 所示。

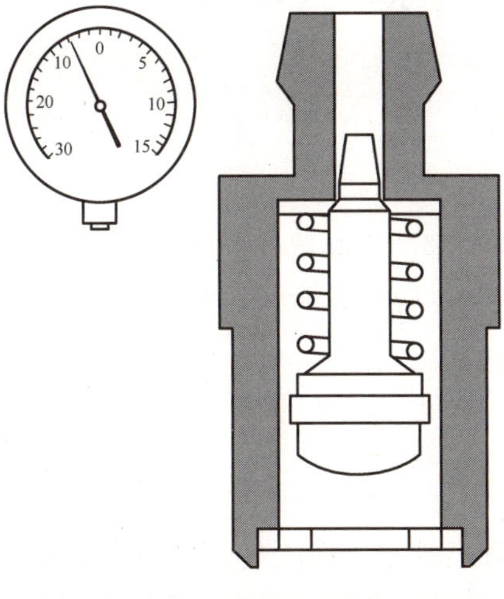

图 5-5 中等负荷时 PCV 阀的工作状态

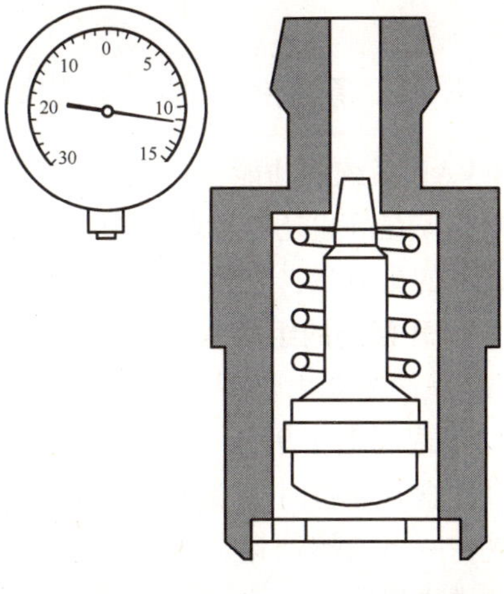

图 5-6 大负荷时 PCV 阀的工作状态

发动机未起动时，进气歧管真空度为 0，在弹簧力作用下，PCV 阀处于关闭状态。而在进气歧管回火时，进气歧管内的压力大增，真空度接近 0，弹簧力使 PCV 阀处于关闭状态，可防止回火窜到曲轴箱内，如图 5-7 所示。

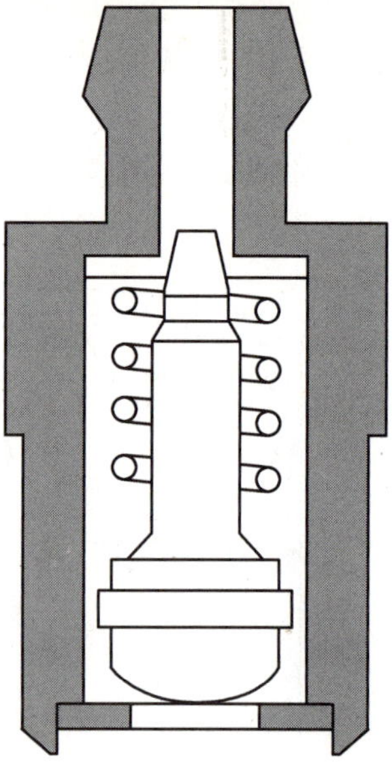

图 5-7　未起动或回火时 PCV 阀的工作状态

二、PCV 系统的故障诊断

1. PCV 阀开度过大

PCV 阀卡滞在大开度或全开位置时，若发动机怠速运转，则进气歧管内的真空度很高，大量机油会被抽吸出来，导致节气门后部机油过多。

此外，PCV 阀卡滞在大开度或全开位置时，相当于节气门后部的进气歧管漏气。漏气不会对混合气的空燃比造成影响，因为进气压力传感器检测到这部分漏气时，ECM 会相应地增加喷油量。但此时的怠速转速会提高，ECM 监测到怠速转速过高时，会采取一定的控制措施，例如延迟点火正时、减小节气门开度等。因此漏气量较少时不会对怠速工况产生影响。但是如果 PCV 阀漏气过多，超过 ECM 的调整极限，则会出现怠速转速过高的现象。

判断 PCV 阀是否开度过大的方法是断开 PCV 阀管路，并堵住 PCV 阀的进气一侧，如果此时怠速转速恢复正常，则说明 PCV 阀开度过大或管路漏气。

2. PCV 阀堵塞

PCV 阀堵塞空气平衡管会变为出气管，曲轴箱内的废气会通过空气平衡管向外排出，最终导致节气门前部进气歧管内的机油过多。

此外，PCV 阀堵塞后，由于空气通路变窄，PCV 阀会发出类似吹哨的噪声。

第三节　燃油蒸发排放控制系统（EVAP）

一、EVAP 系统的功能、组成和工作原理

1. EVAP 系统的功能

无论汽车在静止还是行驶状态，燃油箱中的燃油都会不断蒸发。EVAP 系统的作用是控制蒸发燃油的排放量，它将燃油蒸气收集并存储起来，防止其泄漏到大气中。

2. EVAP 系统的组成

EVAP 系统主要由炭罐、炭罐电磁阀及燃油蒸气管路组成，如图 5-8 所示。

（1）炭罐（图 5-9）

炭罐中含有能暂时性吸附燃油蒸气的活性炭，安装在燃油箱附近。炭罐有三条管路，一条通大气，一条通燃油箱，还有一条通炭罐电磁阀。其中，通大气的管路安装有空气滤清器，保证进入炭罐空气的清洁。燃油箱内产生的燃油蒸气会被炭罐中的活性炭暂时吸附，在炭罐电磁阀工作时，从大气管路进入的新鲜空气会把活性炭中的燃油蒸气“带走”，并送入进气歧管，最终进入发动机燃烧室参与燃烧。

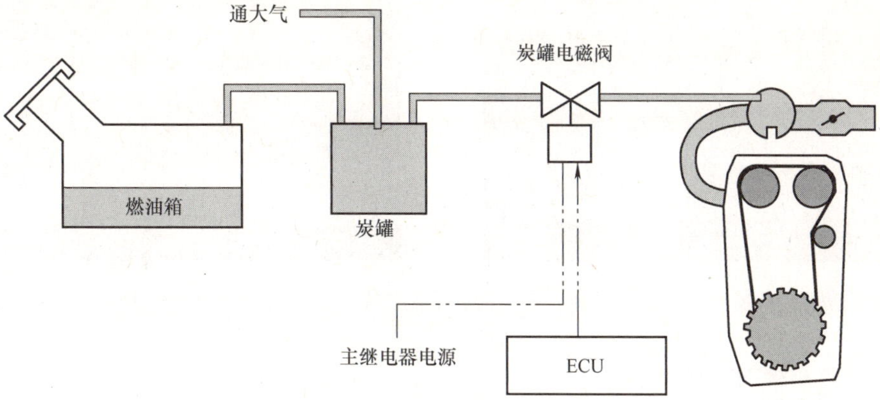

图 5-8 EVAP 系统的组成

（2）炭罐电磁阀（图 5-10）

炭罐电磁阀（EVAP 电磁阀）由 ECM 利用占空比信号控制，通过打开或关闭空气通道来控制燃油蒸气的循环量。炭罐电磁阀的工作条件如下：

图 5-9 炭罐

图 5-10 炭罐电磁阀

1）空燃比控制模式为闭环控制。

2）冷却液温度在 40℃以上。

3）节气门开度在非怠速状态。

4）发动机为非减速工况。

5）蓄电池电压为 8 ~ 16V。

注意：炭罐电磁阀在怠速时应处在关闭状态。

低占空比信号时，燃油蒸气循环量小，如图 5-11 所示。

高占空比信号时，燃油蒸气循环量大，如图 5-12 所示。

（3）加油口盖（图 5-13）

加油口盖由正压阀、负压阀、弹簧和 O 形密封圈组成。燃油箱内为正压时，燃油蒸气被排放到大气中；燃油箱内为负压时，空气被引入燃油箱中。

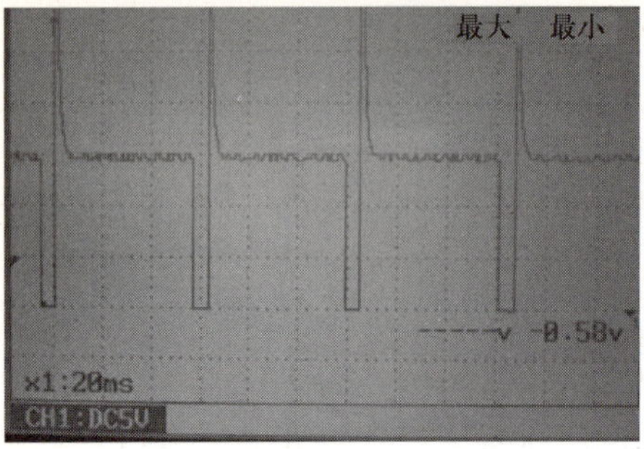

图 5-11 炭罐电磁阀控制（低占空比、小开度）

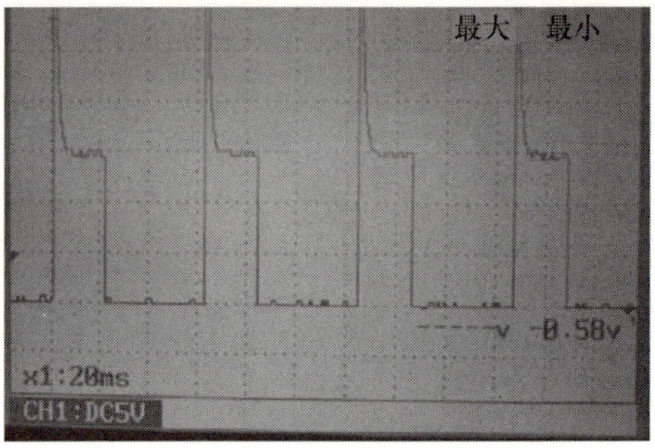

图 5-12 炭罐电磁阀控制（高占空比、大开度）

3. EVAP 系统的工作原理

燃油蒸气会导致燃油箱中的压力升高。燃油蒸气通过管路进入炭罐，被炭罐中的活性炭暂时吸附。发动机起动后，达到炭罐电磁阀的工作条件时，炭罐电磁阀打开，燃油蒸气通过进气歧管进入燃烧室。这样燃油箱内的蒸气就不会排放到大气中造成环境污染。

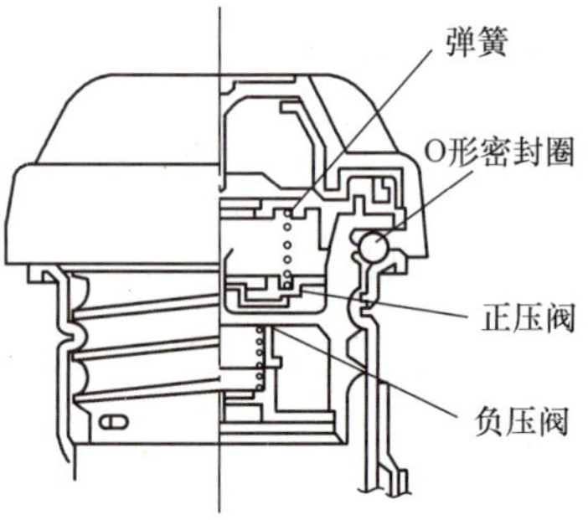

图 5-13 加油口盖

二、EVAP 系统的故障诊断

（1）炭罐内的燃油蒸气较少

炭罐内的燃油蒸气较少时，炭罐电磁阀常开可能导致怠速转速过高，因为此时的情况相当于节气门后部漏气。但较小的漏气量不会对混合气的空燃比造成影响。

（2）炭罐内的燃油蒸气较多

炭罐内的燃油蒸气较多时，ECM 只会检测到空气过多，并不会检测到燃油蒸气过多。ECM 确认进气量过多后，只是按照检测到的进气量进行喷油，而会忽视燃油蒸气的存在，因此会导致怠速转速提高，同时出现混合气偏浓的故障。

第四节 废气再循环系统（EGR）

一、EGR 系统的功能、组成和工作原理

1. EGR 系统的功能

EGR 系统的主要功能是减少 NO_x 的排放，它通过将部分废气引回燃烧室来降低燃烧温度，减少 NO_x 排放。但随着废气的引入，发动机输出功率也会相应下降，如图 5-14 所示。

2. EGR 系统的组成

EGR 系统主要由 EGR 电磁阀、EGR 电磁阀位置传感器及相应管路组成，如图 5-15 所示。

（1）EGR 电磁阀

EGR 电磁阀受 ECM 控制，在适当的时刻打开或关闭废气循环通道。ECM 采用占空比信

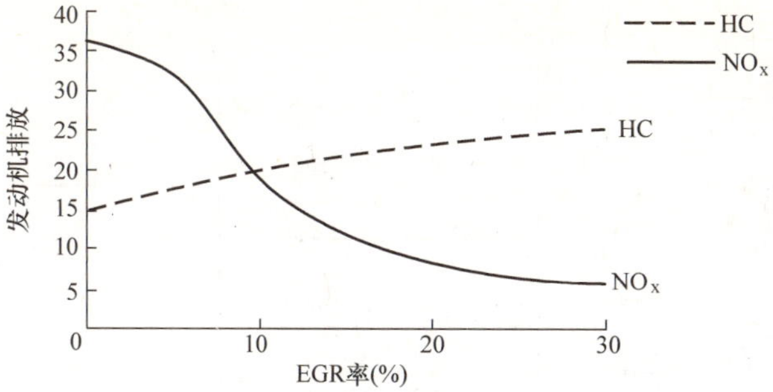

图 5-14　EGR 系统与发动机排放的关系

号对 EGR 电磁阀进行控制，使其可以保持在任意位置。

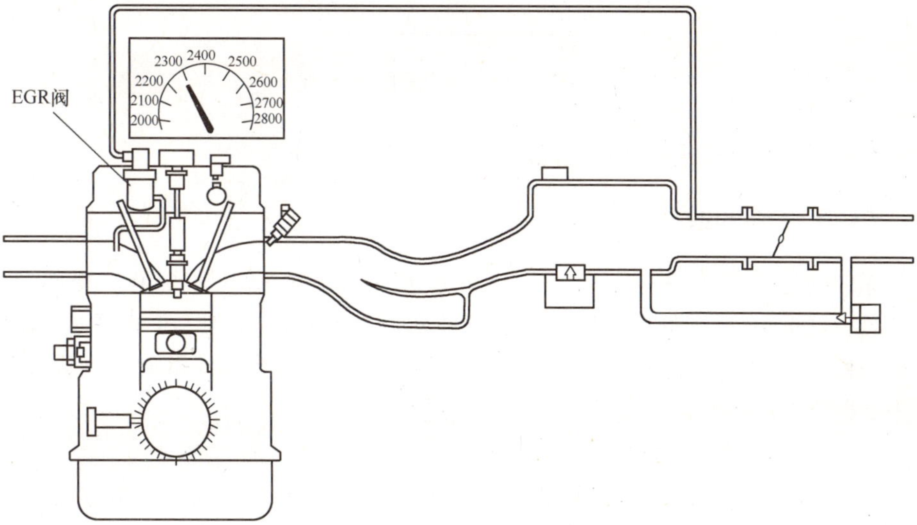

图 5-15　EGR 系统的组成

（2）EGR 阀位置传感器

EGR 阀位置传感器用来检测 EGR 电磁阀的位置，实现 EGR 系统的闭环控制。ECM 根据目标位置控制 EGR 电磁阀工作后，还通过 EGR 电磁阀位置传感器监测 EGR 电磁阀的实际位置。如果 EGR 电磁阀的目标位置与实际位置不一致，则 ECM 内部会存储故障码，并点亮警告灯。

3. EGR 系统的工作原理（图 5-16）

ECM 根据发动机工作状态将 EGR 电磁阀调节到最佳开度，并利用 EGR 电磁阀位置传感器进行闭环控制。ECM 根据发动机运转情况不断计算最佳目标 EGR 电磁阀开度，控制 EGR 电磁线圈的占空比，使 EGR 电磁阀开度接近目标值。EGR 电磁阀开度小于目标值时，ECM 增加占空比，使 EGR 电磁阀开度增大。

由于废气再循环量对发动机性能影响较大，必须对其加以控制。ECM 控制 EGR 电磁阀只在发动机功率降低不会明显影响驾驶性能的情况下向发动机引入废气。在发动机处于起

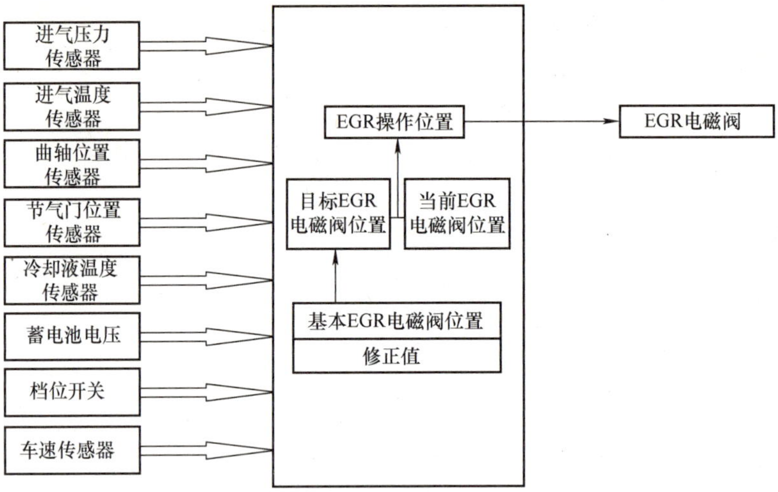

图 5-16　EGR 系统的工作原理

动、冷机、怠速、大负荷或急加速工况时，EGR 系统不起作用。

二、EGR 系统的故障诊断

EGR 系统对尾气排放性能影响很大，因此 OBD 系统对 EGR 系统有严格的监测程序。OBD 系统除监测 EGR 系统的电路故障外，还能对其性能进行监测。ECM 通过 EGR 阀位置传感器对 EGR 阀的开度进行监测，发现其目标位置与实际位置不一致时，会设置相应的故障码，并点亮警告灯。

（1）EGR 阀密封垫损坏漏气

EGR 阀密封垫损坏漏气时，发动机会出现怠速不稳故障，尾气排放也会超标。故障严重程度与漏气量有一定关系：漏气少时，发动机怠速轻微抖动；漏气多时，发动机怠速严重抖动，甚至会熄火。

EGR 阀密封垫损坏后，使部分废气再次进入进气歧管。发动机怠速时，进气压力传感器检测到过多“空气”（实际是废气）进入进气歧管后，就会按照对应“空气量”调整喷油量。而 ECM 会忽视所谓的空气实际是废气，而废气不参与燃烧，因此会出现混合气偏浓的现象。同时，前氧传感器信号电压会偏高，长期燃油修正值会变为负值。增大发动机负荷或提高发动机转速时，ECM 主动控制 EGR 阀打开废气通道，使废气进入进气歧管内，同时会考虑废气的存在，只按实际的新鲜空气量调整喷油量，这时氧传感器信号电压恢复正常，且长期燃油修正值趋于 0。

（2）EGR 阀卡滞在大开度或全开位置

EGR 阀卡滞在大开度或全开位置时的故障现象，与 EGR 阀密封垫漏气时的故障现象相同，除可通过氧传感器数据、燃油修正数据来判断外，还可通过 EGR 阀位置传感器数据或其信号电压来判断。发动机正常怠速情况下，EGR 系统处于关闭状态，EGR 阀开度很小，EGR 阀位置传感器信号电压很低。如果发动机怠速时 EGR 阀位置传感器信号电压偏高，则说明 EGR 阀卡滞在大开度或全开位置。

第五节 三元催化转化器（TWC）

一、三元催化转化器的功能、结构和工作原理

三元催化转化器是安装在汽车排气系统中的重要机外净化装置，它可将汽车尾气中的一氧化碳（CO）、碳氢化合物（HC）和氮氧化物（NO_x）等有害气体通过氧化和还原反应转化为无害的二氧化碳（CO_2）、水（H_2O）和氮气（N_2）。

1. 三元催化转化器的功能

三元催化转化器能促使 HC 与 CO 分别氧化为 H_2O 和 CO_2，同时促使 NO_x 还原为 N_2 与 O_2，如图 5-17 所示。

2. 三元催化转化器的结构

三元催化转化器主要由壳体、减振层、载体及催化器等部分组成，如图 5-18 所示。

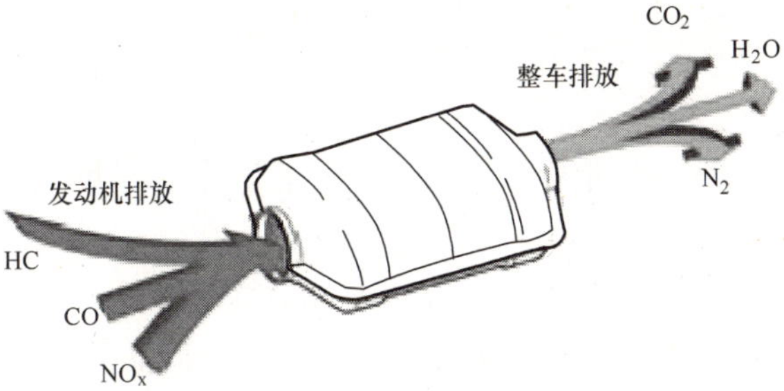

图 5-17 三元催化转化器的功能

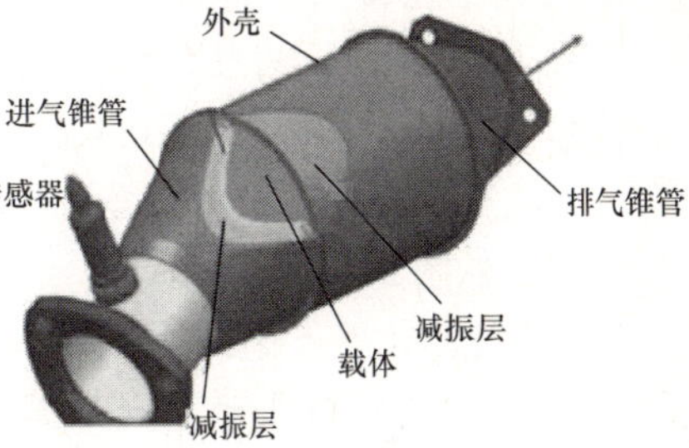

图 5-18 三元催化转化器的结构

壳体由不锈钢板材制成，其外装有隔热罩，防止高温对外辐射或外部撞击、溅水造成的损坏。减振层即壳体与载体之间的减振密封垫，主要起减振、缓解热应力、保温及密封作用。

载体一般用金属－陶瓷或金属板制成，呈蜂窝状，以增大催化转化面积。蜂窝状载体孔道的壁面上涂有一层多孔活性层，其粗糙多孔的表面可使载体壁面的实际催化反应面积进一步增大。活性层表面分布有作为催化剂的贵金属，主要是铂、铑和钯，三者只起催化作用，不参与化学反应。

3. 三元催化转化器的工作原理（图 5-19）

当发动机的高温废气通过三元催化转化器时，其中的催化剂能增强 CO、HC 和 NO_x 的活性，促使其进行一定的氧化－还原反应：CO 在高温下氧化为无色、无毒的 CO_2；HC 在高温下氧化为 H_2O 和 CO_2；NO_x 还原为 N_2 和 O_2。三种有害物质最终大部分转化为无害物质排放到车外。

4. 三元催化转化器的温度控制

三元催化转化器在 250℃ 时开始工作，温度过低会导致转化效率急剧下降。催化剂的活性温度（最佳工作温度）是 400～800℃，温度过高会使催化剂老化加剧。在理想空燃比下，催化转化的效果最好，如图 5-20 所示。

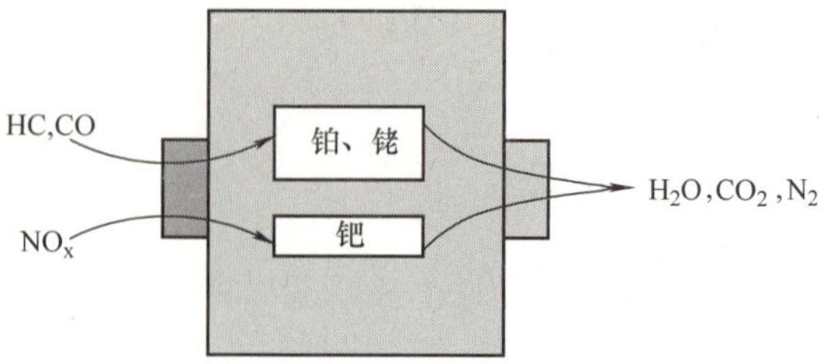

图 5-19　三元催化转化器的工作原理

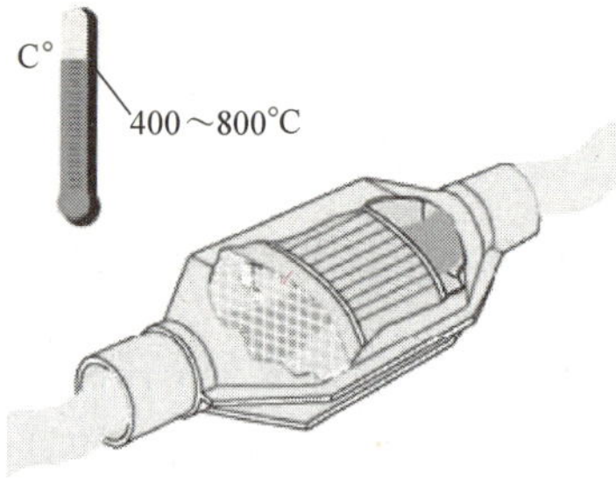

图 5-20　三元催化转化器的温度控制

为快速升温，三元催化转化器要尽可能靠近排气侧。在冷车起动后适当推迟点火正时，也可提高排气温度，达到使三元催化转化器快速升温的目的。

二、三元催化转化器的故障诊断

1. 三元催化转化器监测

在故障诊断过程中，ECM 会不断比较前氧传感器和后氧传感器的信号。正常情况下，前氧传感器信号电压在 0.1～0.9V 之间变化。废气经过三元催化转化器处理后，剩余氧含量会大大减少，因此后氧传感器的信号电压变化幅度很小。此时，三元催化转化器处于良好工作状态，如图 5-21 所示。

三元催化转化器劣化或失效后，其转化效率会降低，此时后氧传感器信号电压变化幅度和频率与前氧传感器基本一致。ECM 会记录故障码 P0420，并点亮警告灯。注意：三元催化转化器劣化或失效后，ECM 也可能报故障码 P0136，代表后氧传感器信号不正常，如图 5-22所示。

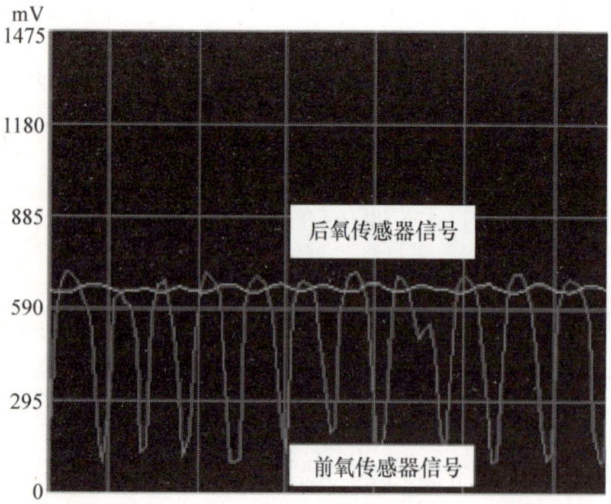

图 5-21　三元催化转化器监测（正常信号）

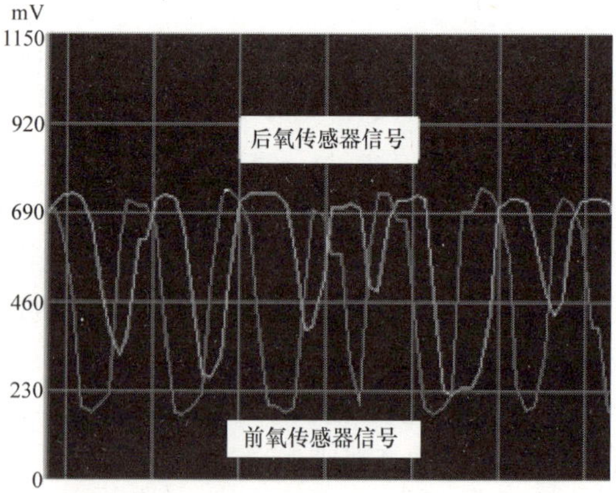

图 5-22　三元催化转化器监测（不正常信号）

2. 三元催化转化器劣化

三元催化转化器劣化指其受外部因素影响而性能下降或失效，主要原因如下。

（1）积垢

燃油燃烧后产生的积炭会沉积在三元催化转化器的载体孔道表面，造成催化剂无法与 CO 和 HC 接触。长此以往会导致载体的孔隙堵塞，催化转化效能下降。积炭太多时，三元催化转化器会完全失效，甚至整个排气道都会堵塞，造成发动机排气背压升高，工作性能严重下降，如图5-23所示。

（2）热损伤

三元催化转化器的正常工作温度为400～800℃，过热会导致贵金属表面积下降及催化剂热失活。三元催化转化器的工作温度超过1000℃时，贵金属表面会脱落，甚至损坏载体，导致其涂层上的催化剂烧结坏死。严重时甚至会将三元催化转化器烧没。造成热损伤的原因通常是发动机工作不良导致气缸内混合气燃烧效果不好，大量燃油在三元催化转化器中燃烧，如图5-24所示。

图5-23 积垢

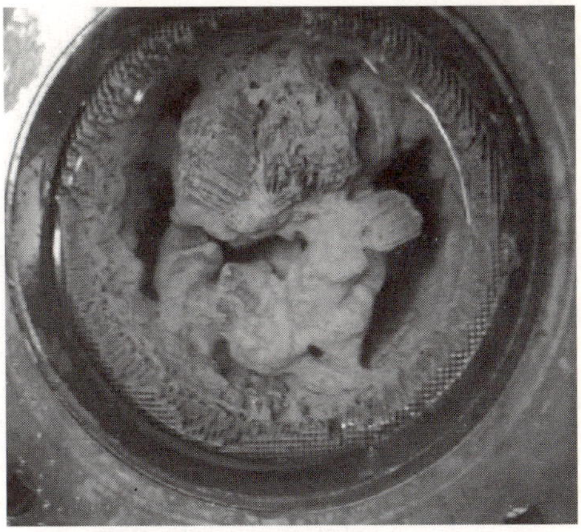

图5-24 热损伤

（3）中毒

燃油和机油中的硫、磷，及抗爆剂中的锰、铅，都会造成催化剂中毒失效。这四种物质及它们在发动机中燃烧后形成的氧化物颗粒极易吸附在催化剂表面，使催化剂无法与废气接触，失去催化作用。其中，铅中毒往往是不可逆的。因此铅中毒的三元催化转化器只能更换，清洗没有任何效果。

3. 三元催化转化器堵塞

三元催化转化器部分堵塞时，因排气阻力增大，发动机功率下降，车辆怠速正常，但在中高负荷时加速无力。严重堵塞时，甚至会影响发动机的起动和怠速性能。

判断三元催化转化器或排气管是否堵塞时，首先根据故障现象试车，如果车辆怠速正常，原地急加速发闷，发动机转速上不去，同时排气管的排气量明显偏少，则基本可以判定三元催化转化器或排气管已经堵塞。

此外，还可以通过检测进气压力数据或检测排气背压来判断三元催化转化器或排气管是否存在堵塞情况。

（1）进气压力检测

三元催化转化器或排气管堵塞时，进气压力传感器信号电压往往比正常值高，特别是在急加速时。

（2）排气背压检测

发动机在怠速及转速达2500r/min时，分别测量排气背压。如果排气背压未超过限值，则表明三元催化转化器或排气管没有堵塞。排气背压表使用方法（图 5-25）：

1）拆下三元催化转化器前氧传感器，接上排气背压表。

2）怠速时的压力不超过 1psi（约 7kPa）。

3）转速 2500r/min 时的压力一般不超过 2psi（约 15kPa）。

如果排气背压超过限值，则需将三元催化转化器后端的排气装置拆掉，重复以上试验。如果三元催化转化器阻塞，则排气背压仍会超过限值。如果排气背压下降，则说明消声器或三元催化转化器后端的排气装置堵塞。

三、案例学习

故障现象：一辆五菱汽车，用户反映加速不良。该车刚做完发动机大修，行驶 3000km 后出现故障，最高车速只能达到 70km/h，且发动机噪声较大。

1. 故障分析及处理

该车怠速正常，原地急加速发闷，发动机转速上不去，同时排气管的排气量明显偏少，基本可以确定是三元催化转化器或排气管堵塞。连接排气背压表，发动机转速达到2500r/min时，表针指示的压力值已经达到约 70kPa，而正常情况下，压力值不应超过 15kPa。

因此判断是三元催化转化器堵塞，拆下三元催化转化器，发现其已经明显堵塞，如图 5-26 所示。更换三元催化转化器后试车，发动机恢复正常。

图 5-25　排气背压表

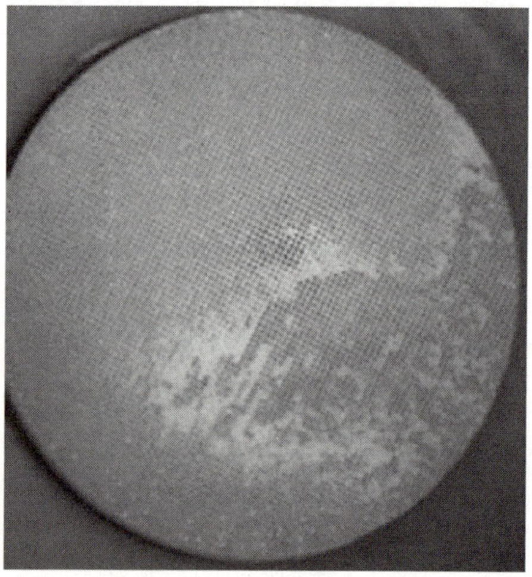

图 5-26　三元催化转化器堵塞

2. 总结

该案例告诉我们，导致发动机动力不足的原因很多，较常见的一个是三元催化转化器堵塞。诊断这类故障时，先通过故障现象判断可能故障部位，再利用排气背压表检测排气压力。

第六节　学习成果自检

填写以下表格，检验自己的学习成果。

序号	问题	自检结果
1	汽油发动机尾气中的有害气体主要有哪几种?	
2	汽油发动机尾气中的有害气体控制措施主要有哪几种?	
3	PCV 阀在哪种工况下开度最大?	
4	PCV 阀开度过大会出现哪些故障现象?	
5	EVAP 系统由哪些部件组成?	
6	EVAP 电磁阀常开对发动机正常运转有哪些影响?	
7	EGR 阀在怠速工况下是否工作?	
8	EGR 阀密封垫损坏漏气对发动机正常运转有哪些影响?	
9	ECM 如何对三元催化转化器进行监测?	
10	三元催化转化器劣化的原因有哪些?	

第七节 章练习题

一、单项选择题

问题 1	PCV 阀在下列哪种工况下的开度最大?(　　)	
	A	怠速
	B	中等负荷
	C	大负荷
	D	急加速

问题 2	OBD 系统通过哪种方式对三元催化转化器的转化效率进行监测?(　　)	
	A	前氧传感器信号
	B	后氧传感器信号
	C	前、后氧传感器信号对比
	D	进气压力传感器信号

问题 3	下列哪种排放控制系统只针对 NO_x?(　　)	
	A	PCV 系统
	B	EVAP 系统
	C	EGR 系统
	D	TWC

二、多项选择题

问题 1	下列哪些属于五菱汽车目前采用的排放控制系统(　　)	
	A	空燃比闭环控制
	B	PCV 系统
	C	EVAP 系统
	D	三元催化转化器

问题 2	下列哪些属于汽油发动机的有害排放物？（　　）	
	A	一氧化碳
	B	氮氧化合物
	C	碳氢
	D	二氧化碳

三、简答题

简述五菱汽车尾气排放控制系统及相应功能。

______

______

______

四、思考与讨论

1. EGR 阀密封垫漏气或 EGR 阀卡滞会对发动机造成哪些影响？

______

______

______

2. 三元催化转化器堵塞对发动机有哪些影响？如何检查诊断？

______

______

______

______

第六章　实 训 指 导

第一节　ECM 供电电路检测实训

● 训练情景：一辆五菱 CN113R，出现不能着车故障。发动机警告灯不亮，诊断仪与 ECM 无法通信。

● 训练任务：ECM 供电电路检测。

● 训练目标：能够对 ECM 供电电路进行检测和诊断。

● 训练时间：60min。

● 注意事项：遵守车间安全规程，严格按照步骤进行操作，对电气线路测量时要使用探针，不允许破坏电线外皮。

● 训练设备：五菱 CN113R 两辆或其他车辆。

一、训练任务：ECM 供电电路检测

1. 任务说明

为判断 ECM 供电电路是否正常，需要对 ECM 的电源和搭铁电路进行检测。

2. 任务准备

1）训练物品准备。请列举进行此项任务所需的工具、设备、资料及辅料。

____

____

____

____

____

2）支持知识准备。请查阅相关资料，写下与此项训练任务相关的知识。

____

____

____

____

____

____

3. 任务操作

1）通过外壳标识确认 ECM 的名称________________。

2）参考电路图册中的电路图和电脑端子说明，在 ECM 接头部位测量电源、搭铁线端子电压，并填写下表。注意：测量时不要拔下 ECM 插头。

	测量端子		电压值/V		备注
	端子	线色	点火开关关闭	点火开关打开不着车	
B + 电源					
点火开关 ON 电源					
主继电器电源					
主继电器控制					
进气压力传感器电源					
凸轮轴位置传感器电源					
搭铁线					

3）参考电路图册中的电路图和电脑端子说明，在 ECM 接头部位分别断开下表中的端子，确认故障现象并填写表格。

	断开 B + 电源	断开点火开关 ON 电源	断开主继电器电源	断开主继电器控制	断开所有搭铁线	备注
警告灯是否点亮						
油泵是否工作						
主继电器是否工作						
能否着车						
诊断仪能否通信						
故障码						

4）实车确认 ECM 外壳是否搭铁（方法：断开 ECM 所有搭铁线，ECM 外壳搭铁，观察着车情况）。【是□　否□】

5）通过以上检测，发现导致发动机警告灯不亮，不能着车的原因有哪些？

____

____

二、讨论

如何快速判断 ECM 供电电路是否正常？

____

____

____

____

第二节　车载诊断系统实训

• 训练情景：一辆五菱 CN113R，出现起动不良、怠速抖动故障。发动机警告灯点亮，故障码为 P0107，表明进气压力传感器信号电压过低。

- 训练任务：故障码监测。
- 训练目标：了解车载诊断系统的故障监测原理。
- 训练时间：60min。
- 注意事项：遵守车间安全规程，严格按照步骤进行操作，对电气线路测量时要使用探针，不允许破坏电线外皮。
- 训练设备：五菱 CN113R 两辆或其他车辆。

一、训练任务：故障码监测和失效保护

1. 任务说明

了解车载诊断系统对发动机电控系统的监测原理。

2. 任务准备

1）训练物品准备。请列举进行此项任务所需的工具、设备、资料及辅料。

____

____

____

____

____

2）支持知识准备。请查阅相关资料，写下与此项训练任务相关的知识。

____

____

3. 任务操作

1）按照下表中的要求模拟故障，观察警告灯的点亮情况和诊断仪数据流，并填写表格。

注意：

① 表格中的默认值指故障状态下诊断仪读取到的传感器数据值，例如冷却液温度、进气压力等。如果诊断仪不能提供故障时的信号电压数据，则需用万用表进行测量。

② 表格中的点火循环次数指起动次数。

③ 表格中的阴影区域不需要填写。

	故障数据		警告灯点亮的点火循环次数	故障码	故障码类型	备注
	默认值	信号电压/V				
冷却液温度传感器断路						拔下传感器
冷却液温度传感器对搭铁短路						信号线对搭铁短路
进气温度传感器断路						
进气温度传感器对搭铁短路						
进气压力传感器断路						
进气压力传感器对搭铁短路						
断开 EVAP 电磁阀						
断开一缸喷油器						

2）填写 ECM 对下表中所列传感器和执行器的监测方式。

	监测方式	备注
曲轴位置传感器信号线对搭铁短路		
喷油器控制线断路		
离合器开关信号线断路		
氧传感器信号电压变化缓慢		

3）分别拔下下表中所列传感器与执行器，用万用表测量 ECM 加载在被测电路上的监测电压，并填写表格。

	监测电压/V	备注
凸轮轴位置传感器信号线		
喷油器控制线		
EVAP 电磁阀控制线		
压缩机继电器线圈控制线		

4）在实际维修过程中，如果故障码能被清除，起动后警告灯也没有点亮，是否意味着故障已经排除？【是□　不一定□】

5）通过测量 ECM 加载在被测电路上的监测电压，可以判断线路的哪些故障？

____

____

二、讨论

1）根据对发动机排放性的影响程度，故障码可分为哪几种类型？

____

____

2）举例说明传感器性能监测原理。

____

____

____

第三节　VIM 和 VVT 控制系统实训

- 训练情景：一辆五菱 CN113R，正常保养后出现起动困难、怠速抖动故障。故障码为 P0011，表明凸轮轴位置执行器正时过前或延后。
- 训练任务：①VIM 系统性能检测；②VVT 系统性能检测。
- 训练目标：①能够对 VIM 系统进行检测和诊断；②能够对 VVT 系统进行检测和诊断。
- 训练时间：130min。
- 注意事项：遵守车间安全规程，严格按照步骤进行操作，对电气线路测量时要使用探针，不允许破坏电线外皮。
- 训练设备：五菱 CN113R 两辆或其他车辆，L2B 发动机一台，VVT 执行器两个（进气和排气各一个)，VVT 电磁阀两个。

一、训练任务 1：VIM 系统性能检测

1. 任务说明

检测 VIM 系统性能是否正常。

2. 任务准备

1）训练物品准备。请列举进行此项任务所需的工具、设备、资料及辅料。

____

____

____

____

2）支持知识准备。请查阅相关资料，写下与此项训练任务相关的知识。

____

____

____

____

____

3. 任务操作

1）写出 VIM 系统包括哪些元件，并指出其在实车上的位置。

____

____

2）用 WDS 诊断仪读取发动机转速数据，观察 VIM 系统的工作情况，并填写下表。

	VIM 电磁阀是否工作	VIM 电磁阀状态	备注
怠速			
发动机转速接近 5000r/min			观察真空执行器拉杆的动作情况

二、讨论 1

1）VIM 电磁阀工作的条件是什么?

____

____

2）VIM 系统的作用是什么?

____

____

三、训练任务 2：VVT 系统性能检测

1. 任务说明

检测 VVT 系统的性能是否正常。

2. 任务准备

1）训练物品准备。请列举进行此项任务所需的工具、设备、资料及辅料。

____

____

____

____

____

2）支持知识准备。请查阅相关资料，写下与此项训练任务相关的知识。

____

____

____

3. 任务操作

1）拆解 L2B 发动机进气和排气 VVT 系统执行器，了解 VVT 系统执行器的工作原理，并指出在静止状态时，转子所处的初始位置。

进气执行器转子静止位置。【最大提前□　最大滞后□】

排气执行器转子静止位置。【最大提前□　最大滞后□】

2）拆解 L2B 发动机，分析 VVT 系统的油路走向。

分别将 L2B 发动机的进、排气 VVT 系统电磁阀控制线搭铁，观察起动和怠速时发动机的工作情况。

____

____

四、讨论 2

1）导致出现故障码 P0026（进气凸轮轴位置执行器电磁阀控制电路）的原因有哪些？如何检查？

____

____

____

2）导致出现故障码 P0011（进气凸轮轴位置系统性能）的原因有哪些？如何检查？

____

____

____

____

____

____

____

____

第四节 进气计量实训

- 训练情景：一辆五菱 CN113R，出现油耗高故障。
- 训练任务：进气计量故障诊断。
- 训练目标：掌握 ECM 进气计量的原理。
- 训练时间：70min。
- 注意事项：遵守车间安全规程，严格按照步骤进行操作，对电气线路测量时要使用探针，不允许破坏电线外皮。
- 训练设备：五菱 CN113R 两辆或其他车辆。

一、训练任务：进气计量故障诊断

1. 任务说明

判断 ECM 进气计量值是否正确。

2. 任务准备

1）训练物品准备。请列举进行此项任务所需的工具、设备、资料及辅料。

2）支持知识准备。请查阅相关资料，写下与此项训练任务相关的知识。

3. 任务操作

1）用 WDS 诊断仪读取发动机数据（进气数据组），并填写下表。

	进气压力/kPa	发动机转速/(r/min)	进气温度/(℃)	冷却液温度/(℃)	空气流量/(kg/h)	备注
打开点火开关，不着车						
冷车怠速						
热车怠速						
开空调						
发动机转速 2000r/min						
发动机转速 4000r/min						
急加速最大						
急减速最小						

2）实际进气压力值比正常值高对进气计量会产生什么影响？

3）冷却液温度传感器指示的数值比正常值低对进气计量会产生什么影响？

4）气缸内积炭过多或缸盖切削量过大对进气计量会产生什么影响？

二、讨论

ECM 计算进气量需要参考哪些因素？

第五节　喷油控制实训

- 训练情景：一辆五菱 CN113R，出现起动困难故障，且发动机警告灯不亮。
- 训练任务：燃油喷射系统检测。
- 训练目标：能够对燃油喷射系统进行检测和诊断。
- 训练时间：70min。
- 注意事项：遵守车间安全规程，严格按照步骤进行操作，对电气线路测量时要使用探针，不允许破坏电线外皮。
- 训练设备：五菱 CN113R 两辆或其他车辆。

一、训练任务：喷油脉宽的检测

1. 任务说明

判断燃油喷射系统是否正常。

2. 任务准备

1）训练物品准备。请列举进行此项任务所需的工具、设备、资料及辅料。

2）支持知识准备。请查阅相关资料，写下与此项训练任务相关的知识。

3. 任务操作

1）用 WDS 诊断仪读取发动机数据（燃油调整数据组），并填写下表。

	空气流量/(kg/h)	喷油时间/ms	备注
冷车起动（冷却液温度：　）			选取起动时最大值
冷车怠速（冷却液温度：　）			可以取低温时的一个数据
热车怠速（冷却液温度：　）			发动机达到正常工作温度
热车后开空调			热车后操作
发动机转速 2000r/min			
发动机转速 4000r/min			
急加速最大			
急减速最大			
怠速发电机不发电			断开发电机插头

2）在急加速和急减速时，ECM 如何控制喷油量？

3）当 ECM 监测到电源电压偏低时，如何控制喷油量？

二、讨论

1）发动机起动时，ECM 如何确定喷油量？

2）发动机起动后，ECM 如何确定喷油量？

第六节　空燃比和燃油修正实训

● 训练情景：一辆五菱 CN113R，出现加速无力故障，且发动机警告灯点亮，故障码为 P2177，表明空燃比闭环控制自学习值超上限（中负荷区域）。

● 训练任务：空燃比控制系统的检测和诊断。

● 训练目标：能够利用燃油修正功能对空燃比故障进行检测和诊断。

● 训练时间：150min。

● 注意事项：遵守车间安全规程，严格按照步骤进行操作，对电气线路测量时要使用探针，不允许破坏电线外皮。

- 训练设备：五菱 CN113R 两辆或其他车辆，1.5L 发动机喷油器一个，1.5L 发动机点火线圈一个，1.5L 发动机前氧传感器一个，化油器清洗剂一瓶，21W 灯泡两个。

一、训练任务：空燃比的检测和诊断

1. 任务说明

利用燃油修正功能对空燃比故障进行检测和诊断。

2. 任务准备

1）训练物品准备。请列举进行此项任务所需的工具、设备、资料及辅料。

____

____

____

____

____

2）支持知识准备。请查阅相关资料，写下与此项训练任务相关的知识。

____

____

____

3. 任务操作

1）用 WDS 诊断仪读取发动机数据（燃油修正数据组），并填写下表。

	开环/闭环	前氧传感器电压范围/V	燃油修正值		备注
			短期	长期	
打开点火开关，不着车					通过短期燃油修正判断开环/闭环
冷车起动后（冷却液温度：　）					记录开环时的数据
冷车怠速（冷却液温度：　）					记录闭环时的数据
热车怠速（冷却液温度：　）					记录正常热车后的数据
急加速瞬间					
急减速瞬间					
模拟节气门后部漏气					拔下节气门后部真空管，漏气量不要太大
模拟燃油压力低					在燃油泵继电器触点位置串联一个 21W 灯泡

（续）

	开环/闭环	前氧传感器电压范围/V	燃油修正值		备注
			短期	长期	
额外供油加浓					在进气管内喷入少量化油器清洗剂，过多会导致熄火
拔下前氧传感器					
模拟前氧传感器故障					拔下前氧传感器插头，外接一个氧传感器
拔下一缸喷油器插头					
模拟一缸喷油器堵塞					拔下一缸喷油器插头，外接一个喷油器
拔下一缸点火线圈插头					操作时间不要过长，防止损坏三元催化转化器
模拟一缸点火线圈不工作					拔下一缸点火线圈插头，外接一个点火线圈。注意时间不能过长

2）在发动机怠速时，通过 WDS 诊断仪对前氧传感器的信号电压进行检测。电压变化范围______________________，10s 内的变化次数______________________。

3）分别模拟氧传感器信号电压过高或过低状况，观察长、短期燃油修正值的变化趋势和极限值，并填写下表。

	极限值	备注
短期燃油修正		低信号电压模拟方法：前氧传感器信号线搭铁 高信号电压模拟方法：用跨接线将氧传感器信号线与加速踏板位置传感器信号线（0.7V 左右）短接
长期燃油修正		

4）根据以上实验结果，分析燃油压力过高或过低对空燃比的影响。

____

____

____

5）根据以上实验结果，分析节气门后部漏气对空燃比的影响。

____

____

____

6）根据以上实验结果，分析氧传感器电压一直偏高或一直偏低对空燃比的影响。

7）如果氧传感器信号电压一直偏高或偏低，则可能是传感器故障或空燃比异常，如何区分传感器故障和空燃比异常？

二、讨论

1）ECM 在哪些工况下处于开环工作状态，处于开环工作状态时 ECM 是否根据氧传感器的信号对空燃比进行修正？

2）导致出现故障码 P2177［空然比闭环控制自学习值超上限（中负荷区域）］的原因有哪些？如何检查？

第七节　点火控制和故障诊断实训

- 训练情景：一辆五菱 CN113R，出现失火故障。
- 训练任务：点火控制和故障诊断。
- 训练目标：能够对点火系统进行检测和诊断。
- 训练时间：50min。
- 注意事项：遵守车间安全规程，严格按照步骤进行操作，对电气线路测量时要使用探针，不允许破坏电线外皮。
- 训练设备：五菱 CN113R 1.5L 款和 1.2L 款各一辆。

一、训练任务：点火控制和故障诊断

1. 任务说明

判断点火系统性能是否正常。

2. 任务准备

1）训练物品准备。请列举进行此项任务所需的工具、设备、资料及辅料。

____

____

____

____

____

____

2）支持知识准备。请查阅相关资料，写下与此项训练任务相关的知识。

____

____

____

3. 任务操作

1）用 WDS 诊断仪读取发动机数据（点火数据组），并填写下表。

	发动机负荷	发动机转速/(r/min)	实际点火角/(°)	备注
冷车起动（冷却液温度：　）				
冷车怠速（冷却液温度：　）				任意选取冷车时的一个数据
热车怠速（冷却液温度：　）				选取发动机达到正常工作温度时的一个数据
发动机转速 2000r/min				
发动机转速 4000r/min				
急加速				注意观察点火提前角的变化过程
节气门后部漏气导致怠速转速高				控制漏气量，使怠速转速稍高于标准值

2）发动机转速提高时，点火提前角如何变化？【提前□　滞后□】

3）发动机负荷增大时，点火提前角如何变化？【提前□　滞后□】

4）发动机怠速转速过高时，为维持怠速稳定，点火提前角如何变化？【提前□　滞后□】

5）拔下某一缸喷油器插头，外接一个正常的喷油器，模拟该气缸发生严重失火故障，观察发动机警告灯及故障码情况。同时用一个二极管试灯检查 ECM 对喷油器的控制：

① 警告灯是否闪烁。【是□　否□】

② ECM 是否停止对喷油器的控制。【是□　否□】

③ 故障码：________________。

④ 观察 WDS 数据流（点火数据组）对失火次数的记录：____。

二、讨论

1）导致发动机失火故障（P0300）的原因有哪些？如何检查？

____

____

____

____

2）发生爆燃时，ECM 如何对点火提前角进行控制？

____

____

____

____

第八节　电子节气门实训

● 训练情景：一辆五菱 CN113R，出现加速无力故障，发动机警告灯点亮，故障码为 P0121，表明节气门位置传感器 1 性能。

● 训练任务：电子节气门性能检测。

● 训练目标：能够对电子节气门进行检测和诊断。

● 训练时间：75min。

● 注意事项：遵守车间安全规程，严格按照步骤进行操作，对电气线路测量时要使用探针，不允许破坏电线外皮。

● 训练设备：五菱 CN113R 两辆或其他车辆。

一、训练任务：电子节气门性能检测

1. 任务说明

判断电子节气门的性能是否正常。

2. 任务准备

1）训练物品准备。请列举进行此项任务所需的工具、设备、资料及辅料。

____

____

____

____

____

____

2）支持知识准备。请查阅相关资料，写下与此项训练任务相关的知识。

____

____

3. 任务操作

1）用 WDS 诊断仪读取发动机数据（节气门数据组），并填写下表。

	节气门开度（%）	备注
打开点火开关，不着车		拆下节气门前部的进气管，观察打开点火开关后节气门开度的变化情况
节气门断电后		节气门断电后读取数据
冷车怠速（冷却液温度：　）		冷车某一温度时的节气门开度
热车怠速（冷却液温度：　）		正常热车后的节气门开度
打开空调		
行车怠速		
关闭点火开关		关闭点火开关后，观察节气门开度的变化情况

2）在线路中设置下表所列故障，观察发动机工作情况，用 WDS 诊断仪读取发动机数据（节气门数据组），并填写表格。

	数据流			发动机工作情况	故障码	备注
	传感器 1 电压/V	传感器 2 电压/V	节气门开度（%）			
节气门位置传感器 1 或 2 信号线断路						
节气门位置传感器 1 和 2 信号线同时断路						
节气门位置传感器 1 和 2 信号不匹配						两个传感器信号线短接

3）在线路中设置下表所列故障，观察发动机工作情况，用 WDS 诊断仪读取发动机数据（节气门数据组），并填写表格。

	数据流			发动机工作情况	故障码	备注
	传感器 1 电压 /V	传感器 2 电压 /V	加速踏板开度 (%)			
加速踏板位置传感器 1 或 2 信号线断路						
加速踏板位置传感器 1 和 2 信号线同时断路						
油门踏板位置传感器 1 和 2 信号不匹配						两个传感器信号线短接

4）正常情况下，无论节气门处在哪个位置，两个位置传感器的信号电压都应符合什么逻辑关系？两个加速踏板位置传感器的信号电压应符合什么逻辑关系？

5）使用示波器采集节气门电动机供电线和搭铁线的信号，观察 ECM 如何对电动机进行控制？

二、讨论

清洗节气门后，如何进行电子节气门的学习？

第九节　怠速控制和故障诊断实训

- 训练情景：一辆五菱 CN113R，出现怠速转速偏高故障。
- 训练任务：怠速控制和故障诊断。
- 训练目标：能够对怠速控制系统进行检测和诊断。
- 训练时间：80min。
- 注意事项：遵守车间安全规程，严格按照步骤进行操作，对电气线路测量时要使用探针，不允许破坏电线外皮。

- 训练设备：五菱 CN113R 两辆或其他车辆。

一、训练任务：怠速控制和故障诊断

1. 任务说明

了解怠速控制原理和故障诊断方法。

2. 任务准备

1）训练物品准备。请列举进行此项任务所需的工具、设备、资料及辅料。

____

____

____

____

____

2）支持知识准备。请查阅相关资料，写下与此项训练任务相关的知识。

____

____

3. 任务操作

1）用 WDS 诊断仪读取发动机数据（节气门数据组），并填写下表。

	节气门开度（%）	期望怠速转速/（r/min）	实际转速/（r/min）	备注
打开点火开关，不着车				
冷车怠速（冷却液温度：　）				任意选取冷车时的一个数据
热车怠速（冷却液温度：　）				选取发动机达到正常工作温度时的一个数据
发动机转速 2000r/min				
打开空调				
行车怠速				模拟车辆行驶过程中，松开加速踏板后发动机怠速（在车间可以通过举升车辆实现）
节气门后部漏气导致怠速转速高				控制漏气量，使怠速转速高于标准值
节气门前部堵塞导致怠速转速低				拆下节气门前部进气管，控制堵塞程度，使怠速转速稍低于标准值，发动机不熄火

2）节气门后部漏气会导致节气门开度变大还是变小？【变大□　变小□】

3）节气门积炭过多会导致节气门开度变大还是变小？【变大□　变小□】

二、讨论

1）导致出现故障码 P0507（怠速转速过高）的原因有哪些？如何检查？

2）导致怠速不稳的故障原因有哪些？如何检查？

第十节　PCV 系统和 EVAP 系统实训

- 训练情景：一辆五菱 CN113R，出现机油消耗量大故障。
- 训练任务：①PCV 系统检查和诊断；②EVAP 系统检查和诊断。
- 训练目标：①能够对 PCV 系统进行检测和诊断；②能够对 EVAP 系统进行检测和诊断。
- 训练时间：80min。
- 注意事项：遵守车间安全规程，严格按照步骤进行操作，对电气线路测量时要使用探针，不允许破坏电线外皮。
- 训练设备：五菱 CN113R 两辆或其他车辆。

一、训练任务 1：PCV 系统性能检测

1. 任务说明

判断 PCV 系统是否正常工作。

2. 任务准备

1）训练物品准备。请列举进行此项任务所需的工具、设备、资料及辅料。

2）支持知识准备。请查阅相关资料，写下与此项训练任务相关的知识。

3. 任务操作

1）写出 PCV 系统包括哪些元件，并指出其在实车上的位置。

2）拆下 PCV 阀，观察其位置和动作情况。

3）安装 PCV 阀，并堵住其真空管一端。拆下空气平衡管一端，用手感觉发动机工作时是否有废气流出。【是□　否□】

4）堵塞空气平衡管，让发动机运转一段时间，打开机油加注口盖，是否感觉有真空吸力？【是□　否□】

5）发动机回火时，PCV 阀处在什么位置？

二、讨论 1

1）PCV 阀开度过大或堵塞会导致哪些故障现象？

2）空气平衡管堵塞会导致哪些故障现象？

三、训练任务 2：EVAP 系统性能检测

1. 任务说明

判断 EVAP 系统是否正常工作。

2. 任务准备

1）训练物品准备。请列举进行此项任务所需的工具、设备、资料及辅料。

2）支持知识准备。请查阅相关资料，写下与此项训练任务相关的知识。

3. 任务操作

1）写出 EVAP 系统包括哪些元件，并指出其在实车上的位置。

____

____

2）观察实车炭罐进气口的位置、连接燃油箱的管路位置及连接进气歧管的管路位置。

3）用 WDS 诊断仪读取发动机数据（进气数据组），观察 EVAP 阀的工作情况，并填写下表。

	炭罐吹洗的空气流量	备注
热车怠速		
发动机转速 2000r/min		
发动机转速 4000r/min		
挂档行驶		

4）将炭罐的进气口堵塞，让发动机运转一段时间，炭罐电磁阀工作，打开燃油箱盖，感觉是否有真空吸力？【是□　否□】

5）将炭罐电磁阀的进气口和出气口直接连在一起，通过 WDS 诊断仪观察数据流，检测炭罐电磁阀常通对怠速转速和空燃比的影响，并填写下表。

	前氧传感器信号电压范围/V	燃油修正		节气门开度（%）	期望怠速转速/(r/min)	实际怠速转速/(r/min)	备注
		短期	长期				
正常数据							
炭罐电磁阀常通							

四、讨论 2

EVAP 电磁阀常通会导致哪些故障现象？

____

____

____

____

第十一节　EGR 系统和三元催化转化器

- 训练情景：一辆五菱 CN113R，出现怠速不稳故障。
- 训练任务：①EGR 系统的检测和诊断；②三元催化转压器的检测和诊断。
- 训练目标：①能够对 EGR 系统进行检测和诊断；②能够对三元催化转化器进行检测和诊断。
- 训练时间：90min。
- 注意事项：遵守车间安全规程，严格按照步骤进行操作，对电气线路测量时要使用探针，不允许破坏电线外皮。
- 训练实施条件：五菱 CN113R 两辆或其他车辆。

一、训练任务 1：EGR 系统性能检测

1. 任务说明

判断 EGR 系统是否正常工作。

2. 任务准备

1）训练物品准备。请列举进行此项任务所需的工具、设备、资料及辅料。

____

____

____

____

____

2）支持知识准备。请查阅相关资料，写下与此项训练任务相关的知识。

____

____

3. 任务操作

1）用 WDS 诊断仪读取发动机数据（废气再循环数据组），观察 EGR 阀的工作情况，并填写下表。

	EGR 阀控制脉冲	EGR 阀信号电压/V	备注
冷车怠速			
热车怠速			
发动机转速 2000r/min			
发动机转速 4000r/min			
挂档行驶			

2）发动机怠速时，EGR 系统是否工作？【是□ 否□】

3）EGR 阀卡滞在大开度位置，是否会导致其信号电压升高？【是□ 否□】

4）通过一根软管将排气管中的废气引入进气歧管，观察发动机的工作情况。通过 WDS 诊断仪观察数据流，检测 EGR 阀漏气对怠速转速和空燃比的影响，并填写下表。

	前氧传感器信号电压范围/V	燃油修正		节气门开度（%）	期望怠速转速/（r/min）	实际怠速转速/（r/min）	备注
		短期	长期				
正常数据							
EGR 阀漏气							引入的废气不能过多，因为过多的废气可能导致发动机熄火

二、讨论 1

EGR 阀封闭不严对发动机怠速及空燃比有哪些影响？

____

____

____

____

三、训练任务 2：三元催化转化器性能检测

1. 任务说明

判断三元催化转化器的性能是否正常。

2. 任务准备

1）训练物品准备。请列举进行此项任务所需的工具、设备、资料及辅料。

2）支持知识准备。请查阅相关资料，写下与此项训练任务相关的知识。

3. 任务操作

1）用 WDS 诊断仪读取发动机数据（氧传感器数据组），观察前、后氧传感器的工作情况，并填写下表。

	前氧传感器信号电压变化范围/V	后氧传感器信号电压变化范围/V	备注
热车怠速			
发动机转速 2000r/min			
急加速瞬间			
急减速瞬间			

2）参考上表检测数据，判断三元催化转化器是否正常？ECM 通过哪种方式监测三元催化转化器的性能？

3）三元催化转化器堵塞对发动机性能有哪些影响？如何检查？

四、讨论 2

三元催化转化器劣化的原因主要有哪些？

第七章　实训操作认证样题

第一节　空燃比实训操作认证样题

学生姓名	
专业班级	
成绩（总分数100）	
训练时间	30min
操作内容	空燃比系统故障的分析与诊断
考核方向	学生对空燃比故障的分析能力 学生对空燃比故障的诊断能力
工具设备	万用表1个，WDS诊断仪1套，常规工具1套，电气线路图1册，探针2个，跨接线1根，化油器清洗剂1瓶
故障现象	发动机加速无力、油耗高
故障设置	拔下一个喷油器插头，外接一个喷油器

一、教师评分标准

项目		得分	备注
初步诊断	起动车辆验证，2分		
	诊断仪查看故障码，2分		
	诊断仪读取数据流并分析，5分		
	发现氧传感器信号电压一直偏低，或燃油修正值正向偏高，诊断为混合气过稀故障，10分		
故障分析	喷油器堵塞，3分 喷油器类型不当（针孔孔径偏小或数量偏少），3分 喷油压力过低，3分 燃油品质差，3分 冷却液温度信号电压偏差过大，3分 整体充气效率低（进气歧管或进气门头部积炭、气门间隙过小、进气歧管内有异物等），3分 火花塞点火不良，3分 前氧传感器前部的排气歧管漏气，3分 氧传感器信号不良，3分 注意：学生没有在答题纸上写出以上原因，只询问某个原因是否会导致该故障，若答出正确理由也得分		

（续）

项目		得分	备注
故障诊断	通过在进气歧管喷入化油器清洗剂来判断混合气是真稀还是假稀，10 分		
	得出混合气真稀的结论，8 分		
	对燃油和点火系统进行检查，8 分		
故障原因	发现喷油器插头未插，10 分		
诊断思路	非常清晰 10 分，较清晰 8 分，清晰 5 分，一般 3 分，没有思路 0 分		
车辆复位	零部件、工具、资料复位，2 分		
规范性	WDS 诊断仪退出后断开 VCI，2 分		
	万用表测量电压时，黑色表笔用跨接线接到蓄电池负极，2 分		
	使用探针从插接器背后测量，2 分		

二、学生答题纸

学生姓名：	专业班级：
故障现象：发动机加速无力、油耗高	

导致该故障的原因有哪些？

简述诊断思路与过程。

总结故障原因。

第二节 怠速实训操作认证样题

学生姓名	
专业班级	
成绩（总分数 100）	
训练时间	30min
操作内容	怠速系统的故障分析与诊断
考核方向	学生对怠速系统工作原理的掌握情况 学生对怠速系统故障的分析诊断能力
工具设备	万用表 1 个，WDS 诊断仪 1 套，电气线路图 1 册，常规工具 1 套，探针 2 个，跨接线 1 根
故障现象	发动机怠速转速过高
故障设置	拔下一根真空管

一、教师评分标准

项目	要点说明	得分	备注
初步诊断	起动车辆验证，2 分		
	用诊断仪读取故障码，4 分		
	用诊断仪读取数据流，6 分		
	通过诊断仪数据流加速踏板开度和车速来判断发动机是否处于怠速工况，10 分		
	通过对比数据流期望怠速和实际发动机转速，发现期望怠速转速正常，而发动机实际转速过高，判定当前怠速转速属于被动高，12 分		
故障分析	EVAP 电磁阀卡滞在常开位置，4 分 VIM 电磁阀真空管路漏气，4 分 PCV 阀卡滞漏气，4 分 进气歧管变形漏气，4 分 节气门体漏气，4 分 制动系统的真空助力器漏气，4 分 ECM 维修编程（清除以前的学习值）、更换新 ECM、清洗节气门体后没有进行自学习，4 分 注意：学生没有在答题纸上写出以上原因，只询问某个原因是否会导致该故障，若答出正确理由也得分		
故障诊断	检查节气门后部的进气歧管是否漏气，10 分		
故障原因	说明具体故障点，10 分		
诊断思路	非常清晰 10 分，较清晰 8 分，清晰 5 分，一般 3 分，没有思路 0 分		
车辆复位	零部件、工具、资料复位，2 分		
规范性	WDS 诊断仪退出后断开 VCI，2 分		
	使用万用表测量电压时，黑色表笔用跨接线接到蓄电池负极，2 分		
	使用探针从插接器背后测量，2 分		

二、学生答题纸

学生姓名：	专业班级：
故障现象：发动机无法起动	
导致该故障的原因有哪些？	
简述诊断思路与过程。	
总结故障原因。	

第八章　课后练习题

第一节　课后练习题样题 1

一、单项选择题

问题 1		以下哪种情况不会导致发动机出现爆燃情况？（　　）
	A	使用低辛烷值汽油
	B	冷却液温度过高
	C	燃烧室积碳
	D	混合气过浓

问题 2		以下哪种原因不可能导致五菱 L2B 发动机出现怠速转速过高故障？（　　）
	A	节气门后部漏气
	B	混合气过浓
	C	节气门卡滞
	D	节气门电动机故障

问题 3		五菱 L2B 发动机配装的传感器中，哪个不使用模拟信号？（　　）
	A	曲轴位置传感器
	B	冷却液温度传感器
	C	进气压力传感器
	D	加速踏板位置传感器

问题 4		以下哪种情况可能导致 ECM 报混合气过浓故障码？（　　）
	A	燃油滤清器堵塞
	B	点火系统故障
	C	PCV 阀卡滞在常开位置
	D	氧传感器信号线对搭铁短路

问题 5		下列有关 OBD 系统失火监测的说法中错误的是（　　）。
	A	ECM 通过曲轴转角的点火提前角来判断失火
	B	喷油器堵塞可能导致 ECM 报失火故障码
	C	发动机机械故障可能导致 ECM 报失火故障码
	D	只要 ECM 报失火故障码，就一定是点火系统故障

问题 6		下列有关故障码含义的说法中错误的是（　　）。
	A	故障码以“P0”或“P1”开头，第二位数字为“1”，表明该故障码源于点火系统
	B	故障码以“P”开头，表明该故障码源于动力总成内部
	C	故障码以“0”开头，表明该故障码属于通用型
	D	故障码以“1”开头，表明该故障码属于非通用型，即制造商自定义类故障码

问题 7		下列哪项数据流可以直接反映发动机当前空燃比状况？（　　）
	A	点火提前角
	B	冷却液温度传感器信号电压
	C	长期燃油修正值
	D	进气压力传感器信号电压

问题 8		一辆五菱 CN113R（装 L2B 发动机），出现怠速转速过高故障，连接诊断仪，发现发动机目标转速正常，实际转速高于目标转速，加速踏板开度为0%，节气门开度为0%，最可能导致该故障的原因是（　　）
	A	节气门卡滞
	B	节气门后部漏气
	C	空调请求信号异常
	D	转向助力油压开关信号异常

问题 9		对于采用进气压力传感器计量进气量的系统，节气门后部真空管路漏气对空燃比有什么影响？（　　）
	A	造成混合气过稀
	B	造成混合气过浓
	C	对空燃比没有影响
	D	不确定

问题 10		ECM 对 EGR 阀卡滞类故障的监测属于哪种类型？（　　）
	A	阈值监测
	B	性能监测
	C	逻辑监测
	D	电压监测

问题 11		五菱 L2B 发动机在正常怠速时，电子节气门的开度约为多少？（　　）
	A	2%
	B	5%
	C	8%
	D	20%

问题 12		下列哪组信号决定点火系统的基本点火提前角？（　　）
	A	冷却液温度信号和发动机转速信号
	B	发动机转速信号和进气温度信号
	C	冷却液温度信号和发动机负荷信号
	D	发动机转速信号和发动机负荷信号

问题 13		以下哪种情况不会导致火花塞点火时的击穿电压升高？（　　）
	A	发动机爆燃
	B	高压线阻值过大
	C	火花塞电极温度过高
	D	火花塞电极间隙过大

问题 14		每次打开点火开关时，ECM 控制电子节气门转动至关闭位置的目的是什么？（　　）
	A	节约蓄电池的电能
	B	读入最小加速踏板值
	C	读入最小节气门位置值
	D	减小发动机功率输出

问题 15		EGR 阀卡滞在打开位置不可能导致的故障现象是（　　）。
	A	怠速抖动
	B	混合气偏浓
	C	发动机怠速转速高
	D	发动机加速无力

问题 16		冷车起动后，空燃比进入闭环控制前，ECM 确定喷油脉宽时不考虑哪个因素？（　　）
	A	冷却液温度传感器信号
	B	进气压力传感器信号
	C	短期燃油修正值
	D	长期燃油修正值

问题 17

一辆五菱 CN113R，前、后氧传感器信号电压如下图所示，下列哪种说法是正确的？（　　）

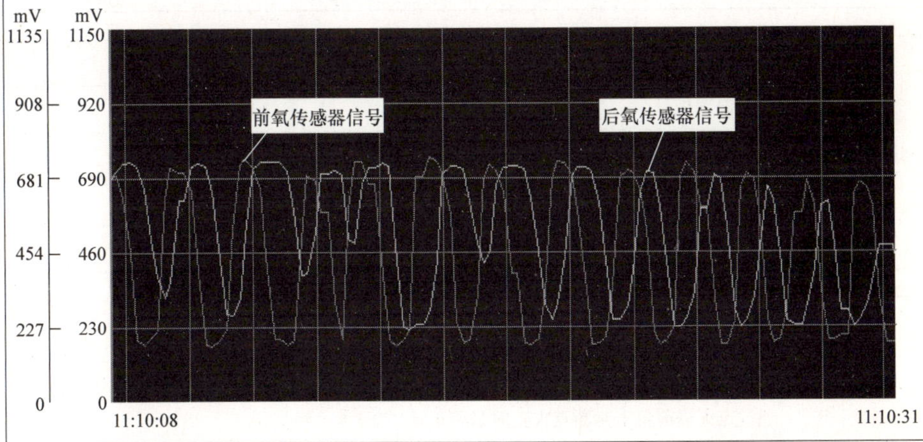

A	三元催化转化器转化效能正常
B	三元催化转化器转化效能变差
C	三元催化转化器堵塞
D	前、后氧传感器电压信号正常

问题 18		EVAP 电磁阀卡滞在常开位置对空燃比有什么影响？(　　)
	A	可能偏浓，也可能没有影响
	B	混合气偏浓
	C	混合气偏稀
	D	没有影响

问题 19		氧传感器信号电压一直偏低会导致下列哪个故障现象？(　　)
	A	混合气偏浓
	B	混合气偏稀
	C	空燃比为 0
	D	燃油修正值负方向偏大

问题 20		下列怠速转速过高的原因中属于主动高的是（　　）。
	A	VIM 电磁阀真空管路漏气
	B	PCV 阀卡滞漏气
	C	进气歧管变形漏气
	D	错误的空调请求信号

二、多项选择题

问题 1		以下哪些是 EVAP 系统的组成部件？(　　)
	A	燃油蒸气管路
	B	炭罐
	C	炭罐电磁阀
	D	油压调节器

问题 2		下列哪些是影响 ECM 进气计量的因素？(　　)
	A	进气温度信号
	B	冷却液温度信号
	C	进气压力信号
	D	发动机转速信号

问题 3		车辆出现加速无力故障时，下列诊断方法中正确的是（　　）。
	A	通过长期燃油修正值来判断空燃比是否正常
	B	通过点火提前角来判断点火正时是否正常
	C	怠速时提高发动机转速至 2500r/min，通过观察进气压力传感器信号电压的变化情况来判断三元催化转化器是否堵塞
	D	通过失火数据判断发动机燃烧是否正常

问题 4		下列哪些情况会导致 ECM 报混合气过稀故障码？（ ）
	A	燃油滤清器堵塞
	B	PCV 阀卡滞在常开位置
	C	点火系统故障
	D	氧传感器信号线对搭铁短路

问题 5		下列哪些情况可能导致失火故障？（ ）
	A	排气门关闭不严
	B	燃油泵损坏
	C	火花塞电极间隙过小
	D	喷油器堵塞

第二节 课后练习题样题 2

一、单项选择题

问题 1		发动机在以下哪种工况时混合气偏稀？（ ）
	A	冷车起动
	B	急加速
	C	急减速
	D	中等负荷匀速行驶

问题 2		以下哪个因素对 VVT 系统的工作没有影响？（ ）
	A	机油压力
	B	电磁阀滑阀内部卡滞
	C	正时链条张紧力过大
	D	电磁阀滤网堵塞

问题 3		下列关于五菱 L2B 发动机电子节气门体的描述中错误的一项是（ ）。
	A	无论节气门开度是多少，信号电压 1 都是信号电压 2 的两倍
	B	两个节气门位置传感器共用一个 5V 参考电源和一个参考搭铁
	C	有两个节气门位置传感器
	D	节气门驱动电动机可正转也可反转

问题 4		以下哪个传感器的信号不属于数字信号？（ ）
	A	曲轴位置传感器
	B	凸轮轴位置传感器
	C	爆燃传感器
	D	离合器踏板开关

问题 5		网络通信类故障码的第一个字母是什么？（ ）
	A	P
	B	B
	C	U
	D	C

问题 6		VIM 系统的中文名称是什么？（ ）
	A	进气涡流控制系统
	B	可变进气歧管控制系统
	C	可变配气相位控制系统
	D	废气再循环系统

问题 7		发动机起动时的喷油控制与正常运转时不同，ECM 主要根据哪个传感器的信号来计算喷油脉宽？（ ）
	A	发动机冷却液温度传感器
	B	进气压力传感器
	C	进气温度传感器
	D	曲轴位置传感器

问题 8		EGR 系统的作用是降低哪种有害气体的排放？（ ）
	A	HC
	B	NOx
	C	CO
	D	CO_2

问题 9		发动机气缸内的压力升高或温度降低时，火花塞击穿电压如何变化？（ ）
	A	降低
	B	升高
	C	没有影响
	D	以上都不对

问题 10		电子节气门阀板附近积炭严重时，节气门开度如何变化？（ ）
	A	变大
	B	变小
	C	不变
	D	以上都不对

问题 11		EGR 系统工作过程中会把废气导入到进气歧管，在以下哪种工况下，EGR 系统处于工作状态？（ ）
	A	发动机起动时
	B	中等负荷匀速行驶
	C	怠速
	D	急加速时

问题 12		一辆五菱 CN113R（装 L2B 发动机）报喷油器线路电压低故障码，在打开点火开关的状态下，用万用表测量喷油器的控制线电压为 0V，那么可能的故障原因是（　　）。
	A	喷油器的控制线对搭铁短路
	B	喷油器内部线圈开路
	C	喷油器熔丝熔断
	D	ECM 到喷油器之间的线路开路

问题 13		以下哪个不是 EVAP 系统的组成部件？（　　）
	A	炭罐
	B	炭罐电磁阀
	C	PCV 阀
	D	燃油蒸气管路

问题 14		理想的长期燃油修正值是多少？（　　）
	A	0% 左右
	B	15% 左右
	C	20% 左右
	D	30% 左右

问题 15		空燃比闭环控制时，如果前氧传感器的信号电压一直在 0.2V 左右，则混合气处于什么状态？（　　）
	A	偏稀
	B	偏浓
	C	正常
	D	以上都不对

问题 16		以下哪个是废气再循环系统的英文简称？（　　）
	A	PCV
	B	TWC
	C	EGR
	D	EVAP

问题 17		对于 A 类故障码，OBD 系统监测到故障现象出现几次会点亮警告灯？（　　）
	A	1 次
	B	2 次
	C	3 次
	D	4 次

问题 18		在空燃比闭环控制条件下，ECM 要尽可能将混合气控制在什么状态？（　　）
	A	偏稀状态
	B	偏浓状态
	C	理论空燃比附近
	D	最省油状态

问题 19		ECM 主要根据哪个传感器的信号来判断失火故障？（　　）
	A	进气压力传感器
	B	曲轴位置传感器
	C	车速传感器
	D	节气门位置传感器

问题 20		发动机发生爆燃时，ECM 如何对点火提前角进行调整？（　　）
	A	不变
	B	加大
	C	减小
	D	以上都不对

二、多项选择题

问题 1		汽油发动机管理系统由哪几部分组成？（　　）
	A	传感器
	B	执行器
	C	ECM
	D	驱动部分

问题 2		下面哪几个传感器需要 ECM 提供 5V 参考电源？（　　）
	A	氧传感器
	B	进气压力传感器
	C	节气门位置传感器
	D	EGR 阀位置传感器

问题 3		下列哪些故障可能导致失火故障？（　　）
	A	喷油器堵塞
	B	火花塞不点火
	C	气缸压力低
	D	进气门关闭不严

问题 4		下列哪些系统不正常可能导致怠速不稳故障？（　　）
	A	发动机机械系统
	B	空燃比控制系统
	C	点火系统
	D	排放控制系统

问题 5		下列哪些属于五菱发动机目前采用的排放控制系统？（　　）
	A	空燃比闭环控制系统
	B	PCV 系统
	C	EVAP 系统
	D	TWC

参 考 文 献

[1] 陈家瑞. 汽车构造（上册）[M]. 北京：人民交通出版社，2012.
[2] 颜伏伍. 汽车发动机原理 [M]. 北京：人民交通出版社，2007.
[3] 钱人一. 现代汽车发动机电子控制 [M]. 上海：上海交通大学出版社，2004.
[4] 鲁明巧. 汽车构造 [M]. 北京：高等教育出版社，2008.
[5] 陈志桓. 汽车电控技术 [M]. 北京：高等教育出版社，2010.
[6] 罗灯明. 发动机电控系统故障诊断实训 [M]. 北京：高等教育出版社，2010.
[7] 夏令伟. 汽车电控发动机构造与维修 [M]. 北京：人民交通出版社，2007.